国家民委人文社科重点研究基地
　　　　——少数民族教育发展研究基地建设基金资助
湖北省高等学校重点学科
　　　　——中南民族大学教育学学科建设基金资助

教育部人文社会科学研究青年基金项目"新自由主义与大学办学理念变迁及其实践"
（项目批准号：12YJC880156）

新自由主义背景下大学制度变革研究

张 征 著

中国海洋大学出版社
·青岛·

图书在版编目(CIP)数据

新自由主义背景下大学制度变革研究 / 张征著. —
青岛:中国海洋大学出版社,2014.3
ISBN 978-7-5670-0553-2

Ⅰ.①新… Ⅱ.①张… Ⅲ.①高等教育－教育制度－
教育改革－研究－中国 Ⅳ.①G649.22

中国版本图书馆 CIP 数据核字(2014)第 046071 号

出版发行	中国海洋大学出版社			
社　　址	青岛市香港东路 23 号	邮政编码	266071
出 版 人	杨立敏			
网　　址	http://www.ouc-press.com			
电子信箱	appletjp@163.com			
订购电话	0532—82032573(传真)			
责任编辑	滕俊平	电　　话	0532—85902342
印　　制	日照日报印务中心			
版　　次	2014 年 3 月第 1 版			
印　　次	2014 年 3 月第 1 次印刷			
成品尺寸	144 mm×215 mm			
印　　张	7.5			
字　　数	210 千			
定　　价	29.00 元			

序

张征博士将学位论文修改后出版,是一件有意义的事情,作为他的指导老师,我愿意在书稿出版之际说几句话。

我长期研究高等教育管理,一直对大学制度问题特别关注。在自己持续不断地研究的同时,我还组织我的团队坚持研究大学制度问题,尤其是将一部分博士生的学位论文选题框定在大学制度范畴。10余年来,先后有12位博士生选择与大学制度有关的问题进行研究,写出了博士学位论文顺利毕业了。比如,2001级秦小云博士写出了《大学教学管理制度的人性化问题研究》(中国海洋大学出版社,2007);2002级米俊魁博士写出了《大学章程价值研究》(中国海洋大学出版社,2006);2003级李静蓉博士写出了《论中国高等教育法律的秩序价值》;2005级吴国娟博士写出了《大学制度伦理反思》(中国社会科学出版社,2012);2006级宋洁绚博士写出了《基于国家主义的高等学校招生考试制度研究》,赵映川博士写出了《我国高等学校教师津贴制度研究》(中国海洋大学出版社,2010),别荣海博士写出了《财务绩效视角下高等学校管理制度创新研究——以Z大学为例》(中国社会科学出版社,2012);2007级孟凡博士写出了《利益相关者视角下的大学学生评教制度研究》,彭阳红博士写出了《论"教授治校"》;2008级蒋馨岚博士写出了《传统与超越:师范生免费教育制度的价值研究》,张征博士写出了《新自由主义背景下大学制度变革研究》;2009级唐世纲博士写出了《大学制度价值研究》。这些博士学位论文选题有的比较宏观,有的比较微观,但都秉承学术研究的要求,坚持实事求是,解放思想,为我国高等教育改革与发展服务,为完善和建设中国特色的现代大学制度提供理论支持。

在一部分博士生的学位论文选题研究和写作完成后，我发现他们都有一个共同的特点，即从高等教育内部看问题、研究问题。尽管他们的研究不乏创建，在答辩中都得到了有关专家学者的高度认同，但我在心里一直琢磨着一定要找一些学生从外部来研究大学制度问题，以使大学制度问题研究有更多的视角，取得更多的富有新意的研究成果。在2008级的博士生课程"高等教育管理前沿问题专题研究"课上，我将"新自由主义与高等教育管理变革"列入了研讨主题，并在分配研究任务时有意识地启发张征选择这个主题。之所以想让他来做这个专题研究，是因为我发现他有比较好的抽象思维能力，平时就善于从宏观和理性的角度来考虑问题，对一些抽象理论有较多的涉猎，而且他的英语水平也不错，可以熟练地阅读英文文献。在我的课堂上，谁来做什么主题研究，都是通过竞标的方式确定的，先举手者优先。张征几乎没有什么悬念地如我所愿拿到了选题，但随着研究的深入，他也感觉到了研究的难度，尽管如此，他还是比较好地完成了课堂专题研究任务。从这次试探性的研究工作中，我看到了他的学术敏感性，以及在这个主题上深挖下去的可能性，所以，在确定博士学位论文选题的时候，在他提出几个主题都被我有意地否决后，他也就只能继续做他已经开始的研究工作。后来在几经讨论后，他将主题确定为"新自由主义背景下大学制度变革研究"。

我之所以重视新自由主义与高等教育管理问题，主要是因为在研究国际高等教育管理变革的过程时，我发现，近三四十年来，高等教育管理变革的动力，一方面源于高等教育系统内部的需求，比如，高等教育规模扩大导致高等学校管理结构与管理权力关系进行适应性调整；高等学校目标日益多元化导致其内部管理与决策陷入了极其复杂的矛盾冲突之中，使决策的不确定性日益增强，决策的价值选择更可能偏离学术追求，等等；另一方面，来源于外部各种社会思潮的影响，其中，新自由主义是一个主要思潮。新自由主义主张充分发挥市场机制的功能,为使西方社会走出了经济滞涨的泥淖发挥了重要影响。与此同时,新自由主义也成为国际高等教育管理改革的重要思想基础。但令人遗憾的是,我国学者在关注国际高等教育管理变革时,往往更多地就事论事,介绍变革本身,少有深入变革之中去探讨其思想根源的。我希望张征能够在这个问题上做一些有益的工作,为学术界带来一些新的认识。

令我非常高兴的是,他不负所望,在博士期间完成了这个研究任务,按时提交答辩并顺利通过,得到了评审专家和答辩委员的高度评价。我认为,他的研究成果之所以得到大家的认可,主要有以下三个原因。

第一,他准确地把握了新自由主义的本质。新自由主义本身是一个多种理论或学说的集合概念,并没有一套统一的理论体系。一些持新自由主义思想的人相互之间在观念上差异很大,对市场、政府、企业或事业单位之间的关系看法各异。张征并没有卷入各派学者的争论中去,而是从中抽取出新自由主义的共同理念,同时也将新自由主义思潮整体上作为研究的背景来对待,这样就避免了研究时在不同的主张或学说之间选边站队的尴尬。与此同时,他还将新自由主义的讨论严格限定在学术范畴内,不泛化、不跨界,恪守学术价值原则,保证了研究的纯洁性,使研究结果具有较高的认同度。

第二,他提出了新自由主义背景下的大学制度变革,实质上是两种价值逻辑冲突的结果。新自由主义改造了学术本位的大学管理理念,大学价值逻辑从信奉默顿原则的专业主义转变为具有企业家精神的专业主义。新自由主义要求放松政府管制,赋予大学更大的自主权,这构成了新自由主义的"分权"维度。"分权"以承担责任为前提,它扩大了大学自主权,但却使权力在大学院校层面集中;大学是一个以院系及学科专业为基础的学术组织,学术自主是大学基本的价值诉求,它要求大学权力分散,以维护和实现学科逻辑。新自由主义要求引入市场机制,提高大学经营管理效率,这构成了新自由主义的"市场"维度。"市场"崇尚效率,追求利润,以功利主义作为其价值导向；而大学作为一个学术组织，偏好学术自由，追求真理，这与新自由主义的要求是道不同不相为谋的。总之，新自由主义改革在使大学提高管理效率的同时，也带来了知识商品化、管理企业化、大学精神沦丧等危险。

第三，我国大学制度变革的"市场"和"分权"价值取向，尽管与新自由主义背景下的国际大学制度变革有某些相似之处，但国情的差异使我国大学制度变革具有鲜明的中国特色。我国从计划经济体制向市场经济体制转变的过程中，政府向大学放权，将市场机制引入大学，是近 30 年高等教育管理改革的基本走向。从"分权"的角度来看，扩大大学自主权是出于我国经济社会改革的需要，目的在于解决办学经费不足，增强大学办学的灵活性。在"分权"改革中，大学被动地接受了更大的自主权，但在实施自主权方面却缺乏相应的制度保障。从"市场"的角度来看，"市场"既是政府配置大学办学资源的一种手段，也是大学扭转过度刚性僵化的管理机制的举措。"分权"和"市场"取向的变革仍是未来我国大学管理变革的重要方向。

诚然，一篇博士学位论文不可能解决很多问题，其命题、观点在不同的读者看来也可能见仁见智，张征的博士学位论文的出版有助于读者对其中的观点进行分析和评判。这里我还想说明的是，张征是一位学术功底扎实的年轻学者，勤奋好学，参与了我所主持的几个课题研究，包括由我承担的国家重大攻关课题的子课题"世界一流大学教育理念研究"，发挥了重要作用，我相信他也得到了很好的锻炼。不论是大学制度还是大学理念，都还有很多问题需要更深入的探讨，我希望他能坚持不懈地在学术道路上走下去，取得更多的学术成果。

是为序。

别敦荣
2013 年 12 月 29 日于厦门大学嘉庚主楼工作室

目 录

第一章 绪 论 ……………………………………………… (1)
  第一节 问题缘起 ……………………………………… (2)
  第二节 研究意义 ……………………………………… (7)
  第三节 文献综述 ……………………………………… (11)
  第四节 基本概念 ……………………………………… (27)
  第五节 研究内容 ……………………………………… (35)
  第六节 研究方法 ……………………………………… (38)

第二章 新自由主义背景下的大学危机 …………………… (41)
  第一节 新自由主义兴起的社会背景 ………………… (42)
  第二节 新自由主义的基本观点 ……………………… (52)
  第三节 大学制度的合法性危机 ……………………… (62)

第三章 新自由主义背景下的大学制度变革 ……………… (72)
  第一节 新自由主义背景下大学制度变革的国别考察 … (72)
  第二节 新自由主义背景下大学制度变革的特征 …… (89)

第四章 新自由主义背景下大学制度变革的价值冲突 …… (103)
  第一节 大学制度变革的影响 ………………………… (103)
  第二节 "市场"与知识的价值冲突 …………………… (114)
  第三节 "分权"与自治的价值冲突 …………………… (126)

第五章　我国大学制度变革的省思 ……………………（138）
　　第一节　我国大学制度的变革历程 …………………（139）
　　第二节　我国大学制度变革中的"分权" ……………（146）
　　第三节　我国大学制度变革中的"市场" ……………（156）

第六章　大学制度变革的未来展望 ……………………（168）
　　第一节　大学制度变革的基本原则 …………………（169）
　　第二节　多元价值观下的大学制度变革 ……………（175）
　　第三节　"诸神"归位，重构大学制度环境 …………（193）

第七章　结　论 ……………………………………………（201）

参考文献 ……………………………………………………（206）

后记 …………………………………………………………（230）

第一章 绪 论

　　大学制度是大学存在和发展的基石,是学术活动得以展开的重要保障。大学近千年的发展史表明,制度是其从中世纪延续至今的根本原因。英国历史学家科班在对中世纪大学进行深入研究后指出:"中世纪大学的历史加强了这样的观点:如果要使智力活动的契机不被消散,那么在取得学术成就之后,必须迅速作出制度上的反应。……经久不息和有控制的发展只有通过制度上的架构才能得到。"[①]大学的传承有赖于大学制度,大学理念转化为实践也需要制度发挥中介作用。19世纪柏林大学的成功,无疑与洪堡、费希特、施莱尔马赫等人的大学理念分不开,倘若没有一套与之相应的制度,恐怕也难以取得如此辉煌的成就。大学在多大程度上将理念转化成具体实在的制度,这决定了它的品质。[②] 因此,雅斯贝尔斯在阐述其大学理念时感叹道,大学只能作为一个制度化的实体才能存在。大学制度规范着大学的办学行为,不仅处理着大学的内部关系,如教师、学生与大学的关系,教学与科研的关系等;而且还协调着大学与外部环境的关系,如大学与社会、大学与国家的关系,以及大学之间的关系等。大学是在一个制度架构

---

　　① 〔美〕伯顿·R·克拉克.高等教育系统[M].王承绪,等译.杭州:杭州大学出版社,1994:4.
　　② 〔德〕卡尔·雅斯贝尔斯.大学之理念[M].邱立波,译.上海:上海世纪出版集团,2007:108.

之内完成它的任务的:科学研究、教学、学术训练、沟通。① 因此,大学是一种制度化的社会机构,其制度的优劣与变革对其自身有着重要而深刻的影响。

第一节 问题缘起

制度是观察和理解人类活动或行为的重要视角或范式,一切发展与变化都能从制度上找到根源。大学的发展史,就是一部大学制度的变迁史,因此大学制度是认识和分析高等教育演进的重要维度。以"新自由主义背景下大学制度变革"作为研究选题,是出于以下三点考虑。

其一,20世纪80年代以来,西方高等教育发生了深刻变革,需要从理论上作出相应的解释,而选择大学制度作为切入点无疑能抓住问题的关键。

20世纪70年代发生的经济滞涨,让西方高等教育面临着自第二次世界大战以来最为严重的一次危机。伯顿·R·克拉克这样描述道,在20世纪最后25年间,全球大学的困难有增无减,高等教育丧失了它可能一度具有的稳定状态,进入了一个看不到尽头的令人感到混乱的时期。② 财政预算减少,是大学面临的最大困难。

以英国为例,1979年撒切尔夫人就职后的三天内,大学预算就砍掉1亿英镑,1980年到1984年间,政府给大学拨款委员会(提供英国大学大约90%的运营经费)的拨款中17%被挪走……

---

① 〔德〕卡尔·雅斯贝尔斯.大学之理念[M].邱立波,译.上海:上海世纪出版集团,2007:108.

② 〔美〕伯顿·R·克拉克.建立创业型大学:组织上转型的途径[M].王承绪,译.北京:人民教育出版社,2003:1.

4000个学术岗位没有了,大部分是由政府资助的提前退休导致的。而且从1985年起,大学的预算每年减少2%。① 实际上,从1981年到1990年,按1980年不变价格计算,政府拨给大学的办学经费和人头费实际上每年减少5%。

美国的情形与英国也有很多相似之处,与经济衰退相联系的通货膨胀首先引发了大学的财政危机,公立高校财政预算受到严重影响。在20世纪80年代,大学不可能再依赖入学人口的增长、州政府或联邦机构来发掘附加的资源用以适应它们智力活动的内在膨胀性的需要。由于很少有另外的选择,大学逐渐地转向了私营部门。② 等到20世纪90年代经济复苏,学生需求再次抬头时,政府的公共政策却因优先发展战略而改变,大学也无法获得更多的财政经费。

在削减大学财政预算的同时,政府和社会还对大学提出了更多要求。撒切尔政府废除了以前的大学拨款委员会(University Grants Committee),转而支持大学基金委员会(Universities Funding Council)。前者向大学提供政府资助,以确保大学拥有最大限度的自治;而后者却要承担大量的责任。③ 1985年英国政府发表《关于20世纪90年代高等教育发展的绿皮书》,1987年又公布《英国高等教育的白皮书》,这两份文件都反映了政府改革高等教育的强烈愿望,希望通过改革提高高等教育质量和效率,适应经济社会发展需要。1988年英国颁布的《教育改革法》、1992年实施的《继续教育与高等教育法》,对英国高等教育体系产生了重要影响,

---

① 〔美〕希拉·斯劳,特拉里·莱斯利.学术资本主义:政治、政策和创业型大学[M].梁骁,黎丽,译.北京:北京大学出版社,2008:37.

② 〔美〕罗杰·L·盖格.研究与相关知识[M].张斌贤,孙益,王国新,译.保定:河北大学出版社,2008:343.

③ 〔美〕菲利普·G·阿特巴赫.比较高等教育:知识、大学与发展[M].人民教育出版社教育室,译.北京:人民教育出版社,2001:251.

使其从"二元制"过渡为"一元制"。澳大利亚联邦就业、教育和培训部部长约翰·道金斯在1987~1988年推行的高等教育改革,其核心内容包括发展、机构的合理化、管理的现代化、与工业界建立联系、使用者交费安排和一种更为公司化的文化。各机构被给予更大的财务稳定性和自主性,但是要受制于更严格的责任要求和新的投资体系。① 美国大学在接受政府资助时,必须以遵从某些规章作为条件,大学事务不再只是学者的特权,公众有权知道大学的运行状况。再如,20世纪90年代初日本进行了第二次世界大战后的第三次大学改革,在新世纪初实施"国立大学法人化",给予大学更多自主权,但大学必须接受社会问责。

由于环境的变化,大学自身也在发生改变。在这种"节源增效"的公共政策改革下,大学向市场迈出了一大步。首先表现为知识成为了一种资本。斯劳特和莱斯利在《学术资本主义》一书中,针对现在高等教育中以知识为手段在咨询、科技研发等活动中的谋利行为,提出"学术资本主义"这个新概念,她们认为,院校及其教师为确保外部资金的市场活动或具有市场特点的活动为学术资本主义。② 具有市场特点的行为指的是院校和教学科研人员为获得资金而进行的竞争,这些资金来自于外部资金和合同、捐赠基金、产学合作企业、教授的衍生公司中的学校投资以及学生的学杂费。创业活动或学术创业主义似乎只是学术资本主义的委婉语。③ 尽管"学术资本主义"使大学与市场结合地更紧密,能够更好地"服务"于社会,从社会中获取到比以往更多的资源,但大学也

---

① 〔澳〕西蒙·马金森.澳大利亚教育与公共政策[M].严慧仙,洪淼,译.杭州:浙江大学出版社,2007:86.
② 〔美〕希拉·斯劳,特拉里·莱斯利.学术资本主义:政治、政策和创业型大学[M].梁骁,黎丽,译.北京:北京大学出版社,2008:8.
③ 〔美〕希拉·斯劳,特拉里·莱斯利.学术资本主义:政治、政策和创业型大学[M].梁骁,黎丽,译.北京:北京大学出版社,2008:10.

在某种程度上失去了其在教学、科研方面的主导力。其次,教师、学生的角色也在悄悄地改变。一直以来,西方大学都认为教授就是大学,教授对大学事务具有发言权与决定权。然而受经费削减之困,大学普遍强化行政权力以快速适应外部变化。大学校长越来越倾向于将他们视为大学的CEO,校长和其他各级学术管理者可以对大学的发展、课程设置以及课程的具体内容施加越来越大的战略性控制,与此同时,教职人员则日益成为"受管理的专家",成为知识生产线上的一个可以任意替换的工人。[①] 20世纪80年代高等教育成本分担理论被付诸实施,学生学费成为大学经费来源的重要部分,院校给学生提供的教育也被看作是一种服务,学生就是教育服务的顾客。以前师生之间监护人与被监护人的关系被彻底改变。再者,大学还面临着提高管理效率和社会问责的压力。学术自治是大学的传统,只有学者才能够了解高深知识的复杂性,在知识的问题上应该让学者自主决定。然而受新公共管理运动影响,大学活动不再只是学院人的事情,社会也有权知道大学的运行情况,从大学的经费开支到教育质量,社会都要求大学作出回应。近30年来,大学中发生的这些变化,使不少人觉得大学不再像大学,而更像公司,大学面临着严重的身份危机。

  大学的变化,从来都是具体历史条件下的产物,而任何现实的变化肯定都有其制度的依据。要破解现代西方大学的身份危机,大学制度无疑是一个较好的切入点。此外,大学的发展是外部社会与内部逻辑相互作用的结果,而新自由主义又是20世纪80年代以来西方社会的主流意识形态,是大学及其制度生存的现实环境,因此,研究大学制度必然离不开新自由主义这个外部环境。

  其二,我国大学处在向社会主义市场经济转型的环境中,大学

[①] Bok, D. Universities in Marketplace: the commercialization of higher education[M]. Princeton University Press, 2004.

制度面临着与西方大学类似的危机。

近20多年来,我国高等教育发展迅速,且具有鲜明的中国特色,但也表现出与世界大学变革共时性的一面。从20世纪80年代中期开始,大学自主权就成为高等教育理论界、实践界的重要话题。1985年5月,全国教育工作会议通过的《中共中央关于教育体制改革的决定》指出,要扩大高校的办学自主权,"改变政府对高等学校统得过多的管理体制,在国家统一的教育方针和计划的指导下,扩大高等学校的办学自主权,加强高等学校与生产、科研和社会各方面的联系,使高等学校具有主动适应经济和社会发展需要的积极性和能力"的改革基本方针。1993年,国务院发布的《中国教育改革与发展纲要》指出,"教育体制改革要采取综合配套、分步推进的方针,加快步伐,改革包得过多、统得过死的体制,初步建立与社会主义市场经济体制、政治体制和科技体制改革相适应的教育新体制"。在高校自主权不断扩大的背景下,随着20世纪90年代社会主义市场经济的发展,大学与市场的关系不只是理论研究的问题,更是现实中必须予以处理的一对矛盾。自20世纪90年代末期以来,有关大学制度建设和创新的研究一直是高等教育研究中的重要主题。尽管新自由主义不是我国的主导思潮,但在改革过程中采取的一些政策措施与新自由主义的主张建议有诸多相似之处,面对建设我国现代大学制度的重任,研究当代西方大学制度的新变化,无疑对我国大学发展及大学制度建设有借鉴作用。

其三,大学制度是高等教育研究的一个重要理论问题,有深入研究的必要。

大学的迅猛发展已经突破了已有的大学理念和大学制度,面对不断发展的趋势,理论研究必须跟上实践的脚步。尽管国内外已有许多关于大学制度的研究,但面对当代大学所遭遇的诸多实践问题,现有的大学制度研究无法从理论上予以说明。布鲁贝克曾说,教育实践中矛盾错综复杂之时,就是检验这些实践的理论基础之日。① 时代的发展,不允许大学退回到"象牙塔"时代,只有从现实问题出发才能找到解决问题的途径。伯顿·R·克拉克指出,在 20 世纪最后的 25 年间,全球很多大学发现它们自己在不断增长的压力下改变着自己的运作方式。机灵的大学逐渐认识到,它们在保持和改进那些随着岁月的流逝而变得更加复杂的传统的科研、教学和学生学习领域的同时,必须对政府、工业和社会集团与急剧增长的新需求作出反应。不管它们的遗产或者各自的传统特征是什么,变革的速度要求采取比较灵活和适应的姿态。② 制度是发展由可能到现实的中介,研究大学制度变革不仅能解释大学发展变迁的原因,而且还能从理论上指导未来大学的发展。此外,研究大学制度不能就教育论教育,有必要跳出高等教育,把大学制度放在所处的社会环境下来审视,因此大学制度还是一个有待继续深入研究的重要课题。

综上所述,研究"新自由主义背景下大学制度变革"显得十分有必要,尤其是当前社会各界都在反思新自由主义的时候,以之为题更具现实意义。本研究将从理论和实践层面分析现代语境下大学制度变革的原因和过程,以期能促进大学制度建设,推动高等教育改革与发展。

第二节　研究意义

大学制度不仅是高等教育研究的重要话题,也是高等教育改革与发展的一个重大现实问题。任何大学制度都是针对具体社会

---

① 〔美〕约翰·S·布鲁贝克.高等教育哲学[M].王承绪,郑继伟,等译.杭州:浙江教育出版社,2002:2.
② 〔美〕伯顿·R·克拉克.大学的持续变革:创业型大学新案例和新概念[M].王承绪,译.北京:人民教育出版社,2008:1.

环境和大学条件的,离开了现实的、具体的社会环境和大学条件,再好的制度设计也只能是镜中花、水中月。① 可见,研究大学制度不能脱离大学所处的社会环境,以"新自由主义背景下大学制度变革"为题展开研究,能从理论上解释大学制度变革的外部社会因素,将对大学制度重建产生重要影响。因此,该研究有较强的实践意义与理论价值。

首先,有助于认识新自由主义对大学产生的影响。2008年的金融危机,使新自由主义成为众矢之的,社会各界都对之展开了深刻反思。毫无疑问,新自由主义对大学也产生了重要影响,但在深刻反省新自由主义的同时,也要客观评价其正反两方面的影响。比如市场化的手段,使大学重视效率,密切了大学与社会的关系,使得大学能够关注社会急需解决的重大问题;但市场化的目标,对于以人才培养为使命的大学来说无异于灾难,大学中的教学、科研活动无法完全用绩效来考评。再者,新自由主义是如何对大学发生影响的,这些影响导致了什么后果,其核心价值与大学的核心价值之间的矛盾是什么,等等,都亟待从理论上对这些问题作出回答。大学制度是了解大学的关键因素,任何大学变革必然能从大学制度上找到深层次原因。以新自由主义背景下大学制度变革作为研究切入点,自然能从源头上更好地认识新自由主义对大学产生的影响,并对这些发挥影响的作用机制予以理论解释,进而客观、全面地评价新自由主义背景下的大学变革。

其次,有助于加深对大学制度及其变革的理解。大学是遗传与环境的产物,与大学相伴而生的大学制度也未尝不是其在因应外部社会环境变迁的过程中,对自身发展逻辑的一种继承与超越。然而,每每言及大学制度,总有人要搬出中世纪大学,甚或德国柏林大学,好像只有恢复到那个时候的大学制度,才能救赎今日之大

---

① 别敦荣.我国现代大学制度探析[J].江苏高教,2004(3):1-3.

学。殊不知,大学制度从来都是历史的、具体的,受新自由主义影响,当代大学发生了变革,而且大学制度也出现了很多新特质,对于现行的大学制度,我们要认识到其历史必然性。当代高等教育与经济社会紧密而又复杂的关系,大大超过历史上任何一个时期,自然使得高等教育无法置身于社会之外。今日之大学早已不是偏居社会一隅的"象牙塔",而被誉之为社会发展的"动力站"。在新自由主义思潮的裹挟下,作为学术机构的大学,所遇到的这些时代性困惑是其发展进程中无法回避的问题。当然,肯定问题的存在,并不意味着放弃寻求问题解决之道,只有分析清楚问题,才有助于解决问题。即便那些学术自由传统悠久、大学制度成熟的西方大学,在弥漫着新自由主义氛围的社会环境中,也似乎显得相当迷茫。前加州大学校长克拉克·克尔在其20世纪90年代出版的《美国高等教育的忧患时期》一书中,对高等教育与经济生活的关系也进行了一系列严肃思考与重审。新自由主义是近30年来主导西方国家的主流意识形态,它对大学的影响超出了以往任何一个时期。任何一种意识形态和价值观要发挥作用,都离不开制度这个中介,并且制度最能集中反映其思想,所以在新自由主义的背景下去研究大学制度,能够更加透彻地认识大学制度及其变革的原因与机理。[1]

再次,有助于增进对大学本质的认识。大学的本质是什么,不仅是高等教育哲学必须回答的问题,而且也是很多实践困惑的理论之源。从现有的研究来看,非但没有在这个问题上获得一个广泛认同的答案,反倒收获了越来越多的"本质"。必要的追问是应该的,但如果沿着"大学是什么"这种本质主义的思路继续思考,我

---

[1] Clark Kerr, Marian L. Gade, Maureen Kawaoka. Troubled Times for American Higher Education: The 1990s and Beyond. State University of New York Press, Albany. 4.

们认为,得不到唯一答案。或许只有转换思路,才能让高等教育研究者、实践者达成一些共识。从大学制度的视角去认识大学,不失为一条探寻大学本质的新路径。"大学是一种欧洲建制(institution)。事实上……没有其他任何类型的欧洲建制能像传统欧洲大学一样,在世界各地广泛传播和发展……大学发展和传播了科学知识以及创造知识的方法,这些知识植根于欧洲大学的一般性学术传统,并构成了这一传统的一部分。"① 从某种意义上说,大学的历史就是大学制度的变革史,②把大学放到其发展与改革的历史环境中去考察,在相对具体的现实背景中观察、理解大学及其制度的特征,不失为一条探寻大学本质的可行途径。有人说,今天的大学已经不再是大学,而是公司(或者学店)。其实得出这样答案的原因在于,他们以过去的理想大学作为自己的参照对象,正如"人不可能两次跌入同一条河中",今天的大学虽然是过去大学的延续,但已经增加了不少新的成分,事物的本质或许就在其中悄悄地发生了变化。可见,通过研究新自由主义背景下的大学制度变革,有助于深化对大学本质的理解。

此外,能够为我国现代大学制度建设提供有益的借鉴。建立现代大学制度,是新时期高等教育改革和发展的必然要求。③ 改革开放以来,我国高等教育取得了巨大成就,但面临的矛盾与问题依然很多。高校自主权仍然是教育体制改革中的一个重要问题;另外,在建设社会主义市场经济的过程中,大学与市场的矛盾凸显,如何处理这对矛盾也是一个必须回答的时代性问题。能否实

---

① Ruegg, W. (1992) Foreword, in H. de Ridder-Symoens (ed.) A History of the University in Europe. Volume I: Universities in the Middle Ages. Cambridge: Cambridge University Press. 转引自:马尔科姆·泰特.高等教育研究:进展与方法[M].侯定凯,译.北京:北京大学出版社,2007:143.

② 邬大光.现代大学制度的根基[J].现代大学教育,2001(1):30-32.

③ 袁贵仁.建立现代大学制度推进高等教育改革和发展[J].国家教育行政学院学报 2000(2):23-26.

现我国政府在本世纪初提出的建设高等教育强国的宏伟目标,关键在于有没有与现代社会发展相适应的大学制度。也只有具备了先进的大学制度,才可能造就一批一流大学。而以往有关世界一流大学的研究却过于关注量化指标,如投入的人力、物力与财力,以及产出的人才、科研等成果,却忽略了大学之所以一流的内在原因——大学制度。2005年5月在南京大学召开的第三届"一流大学建设系列研讨会"上,与会的九所大学校长也一致认为,要更快、更深入地推进世界一流大学的建设,必须以制度创新作为突破口。我国高等教育改革发展的实践,急需大学制度研究提供新的理论成果。尽管世界各国的大学制度有着各自鲜明的个性与特色,照搬他国大学制度无异于削足适履,难以与我国社会环境相适应,但现代大学处于一个共同的时空阈限内,面临着一些相似的问题,借鉴别国大学制度的成功经验与失败教训无疑对我们具有重要的启示意义。

高等教育实践正在突破已有的教育理念,这预示着高等教育制度必须重新构建,大学制度必须重新构建,因为高等教育实践是大学制度产生的基础。高等教育制度永远处在变化之中,而且这个变化过程不为理论家的思维所左右,完全是社会发展的需求。① 因此,以"新自由主义背景下大学制度变革"作为研究选题,将能对这一高等教育的理论与实践问题作出可能的回答。

第三节　文献综述

通过检索和查阅中国学术期刊网、万方数据库、中国优秀博士学位论文全文数据库、中国重要报纸全文数据库、中国重要会议论

---

① 邬大光.高等教育发展与制度创新[J].大学教育科学,2005(2):7-10.

文全文数据库、维普中文科技期刊数据库以及通过搜索 Academic Research Library 学术期刊图书馆、ProQuest 博士论文、SSCI 数据库、EBSCO、Blackwell 等多种电子数据库和其他各类文献,发现国内已有大量有关"大学制度"及其相关问题的研究,资料较为丰富;由于学术语言的差异,国外研究同行基本上不使用"大学制度"一词,但也有类似于我们"大学制度"之类的研究,主要集中于大学理念、大学组织等研究范畴。围绕"新自由主义背景下大学制度变革"这一研究选题,以下从四个方面对已有文献进行综述。

一、有关新自由主义的研究

所谓的"新自由主义",一般公认其起源于20世纪二三十年代,承袭了古典自由主义的基本主张。20世纪30年代资本主义世界的大萧条及随后的凯恩斯主义使新自由主义一直处于边缘状态,直到70年代末,新自由主义才开始走向前台。不过这段时间可以看做新自由主义的经院修炼期,很多重要著作都在这一期间问世,如哈耶克的《通向奴役的道路》(1944年)、唐斯(A. Downs)的《民主的经济理论》(1957年)、《自由的宪章》(1960年)、科斯(Ronald Coase)的《社会成本问题》(1960年)、弗里德曼的《资本主义与自由》(1962年)、布坎南(James M. Buchanan)与干塔洛克(Gordon Tullock)合著的《一致同意的计算》(1962年)等。新自由主义是个相当庞杂的理论体系,大致可以分为伦敦学派(哈耶克是其代表人物)、货币学派(弗里德曼是其代表人物)、理性预期学派(卢卡斯是其代表人物)、公共选择学派(布坎南是其代表人物)、供给学派(拉弗、菲尔德斯坦是其代表人物)。尽管他们的主张和观点相差很大,但他们还是有很多共同之处的,如强调市场的资源配置作用,鼓励竞争,限制政府干预等。

国内有关新自由主义的观点以批判为主,其中以中国社会科学院"新自由主义研究"课题组的观点最有代表性。他们认为新自由主义继承了古典自由主义的经济理论,反对和抵制凯恩斯主义的国家干预,是西方主要资本主义国家从垄断资本主义向国际垄断资本主义转变过程中形成的理论思潮、思想体系和政策主张。"华盛顿共识"的形成被视为新自由主义从学术理论上升为国际垄断资本主义的经济范式和政治性纲领的主要标志。从目前美英等国新自由主义主流学派的基本观点来看,其主要经济理论主张延续了古典自由主义经济理论的自由市场、自由竞争等思想,大力倡导"三化"(自由化、私有化、市场化)。他们认为没有市场就谈不上经济,就不可能有效地配置资源,而国家干预则会妨碍自由市场,因此反对任何形式的国家干预。①

国外也有学者对新自由主义展开了分析与研究,较有代表性的观点有:罗伯特·W·迈克杰尼斯指出,新自由主义使相当一批私有者获得了更大的个人利益,控制了尽可能多的社会层面,这样,一些政策和过程成为这个时代明确的政治、经济范式。自里根和撒切尔夫人推行新自由主义以来,它一直是主流政治党派、大多传统"左派"和"右派"所采取的全球政治、经济趋向。②

英国学者克里斯·哈曼指出,新自由主义的基本思想体现在国际货币基金组织、世界贸易组织等国际组织的政策建议之中,并成为众多政治家和经济学家推进"经济改革"和"现代化"方案的理论基础。在他们看来,国家在现代社会中不应该起任何作用,当今社会应该回到亚当·斯密提出的自由放任状态,而这种古典自由主义在当代的再现就应该被称为"新自由主义",其核心理念就是个体享有不受国家干预的"自由"。③

哈贝马斯认为,新自由主义的实质是把民主的立宪主义化约

---

① 何秉孟.新自由主义评析[M].北京:社会科学出版社,2004:4.
② 〔美〕诺姆·乔姆斯基.新自由主义和全球秩序[M].徐海铭,季海宏,译.南京:江苏人民出版社,2001:导言 1.
③ 周穗明.西方新自由主义理论及其批判[J].岭南学刊,2002(2):85-88.

为经济自由主义,"用生产者和消费者的私人统治来代替公民的政治自治"。①

布迪厄认为,新自由主义是"一种(正在实现的)无限剥削之乌托邦","是一种旨在摧毁集体结构的纲领,其理论纯粹是一种数学上的虚构。它一开始就建立在抽象的基础上,在狭隘的和严格的理性概念的名义下,它把理性取向的经济和社会条件同构成它们的应用条件的经济和社会结构混为一谈"。②

乔姆斯基认为,新自由主义是建立于亚当·斯密古典自由主义思想基础之上的一个新的理论体系。该理论体系要求以市场为导向,包含一系列有关全球秩序和主张贸易自由化、价格市场化、私有观点的理论和意识形态,"华盛顿共识"是其主要表现形式。③

从目前查阅的文献资料来看,有关国内外新自由主义的介绍与评价以批判的观点为主。可以把新自由主义的基本主张总结为以下几点:强调市场的调节作用;推崇私人企业制度的优越性;反对政府过度干预社会经济生活;鼓励竞争,反对福利国家制度。

二、有关新自由主义与教育关系的研究

新自由主义在经济上主张减少政府的干预和调节,鼓励自由投资、自由贸易、自由市场;在政治上要求缩小或取消国家对个人或家庭事务的干预,鼓吹自由强于平等,自控强于章法,个体强于共体。④ 对于作为社会公共事业的教育而言,新自由主义也提出了他们的主张,主要表现为教育市场化、教育私营化、教育分权与

---

① 沈红文.哈贝马斯谈全球化主义、新自由主义和现代性[J].国外理论动态,2002(1):10-11.
② 何增科.法国学者布迪厄谈新自由主义的本质[J].国外理论动态,1999(4):14-16.
③ 〔美〕诺姆·乔姆斯基.新自由主义和全球秩序[M].徐海铭,季海宏,译.南京:江苏人民出版社,2001:3.
④ 曾昭耀.战后拉丁美洲教育研究[M].南昌:江西教育出版社,1994:219.

择校权这样几个方面。市场化改革的倡导者迫切要求建立模仿经济市场特点的体制,他们相信市场体制必定比政府体制有更高的效率和效能,因为,类市场机制必将通过严酷的竞争来改善学校教育。① 教育私营化,并不是要改变教育的产权性质,而只是转变教育的经营方式、改变学校传统的科层制模式、提高学校的办学效率。教育分权也是一个十分复杂的问题,有着多种形式,但最主要的目的是让教育权力从政府部门向社会领域分散,提高管理效益。择校权实际上以经济学中的消费者权利为理论基础,通过消费者自由选择,实现优胜劣汰。

新自由主义关于教育的主张,在高等教育方面也有具体反映,其中以新自由主义经济学代表人物弗里德曼的观点最有代表性。他在《政府在教育中的作用》一文中论述了在教育领域引入市场和竞争机制,指出公共教育制度缺乏必要的市场竞争的约束,效率低下,资源浪费。要改变这种状况,唯一的出路是走市场化道路。同时,他还认为,在高等教育领域,无论是私立还是公立高等院校均应向学生全额收取学费。他还创造性地提出可以采用教育券或贷款的方式,给学生选择学校的权利,这样就在公共领域中引入了竞争。② 哈耶克也认为,市场是教育活动的基础和根据,市场的原则既可以也应当应用于教育领域。对学生进行选择的唯一途径是竞争和市场过程。政府不可以为所有有能力接受高等教育的人提供资助。多少人需接受高等教育完全由市场来决定,国家对教育的投资规模不应受非经济的各种社会因素的影响,而完全应由教育

---

① 〔美〕本杰明·来文.教育改革:从启动到成果[M].项贤明,洪成文,译.北京:教育科学出版社,2004:17.
② 范秀双.米尔顿·弗里德曼论政府在教育中的作用思想评述[J].外国教育研究,2004(4):6-8.

投资的回报率来决定。①

不过对于新自由主义主张的教育市场化、教育分权是否能收到应有的效果呢？有研究者指出,市场导向的教育改革是一把"双刃剑",一方面可以增强教育制度的灵活性、多样性、自主性,扩大消费者选择权,满足不同消费者的需求,提高绩效责任和效率,培植竞争、进取的企业家精神。同时,也在一定程度上减少了教育供应,加剧了社会分野。而对于教育分权,虽然把更多的权利交给了最了解教育需要并知道如何满足教育需要的人：学生、家长、教师、当地学校管理者,有利于学校形成自主权参与竞争。但分权对有效行政的影响非常有限,"不仅没有什么确凿的证据说明分权政策有效或能使它有效,反而大量证据说明分权政策无效,也就是说,分权政策不能增加体制效能、行政效率和地方参与"②。因此,联合国教科文组织在其编写的教材中指出,"千万不要以为教育管理的地方分权,是铺满玫瑰花的道路;不要以为它是医治一切病症的灵丹妙药","明智的做法是,把地方分权看成是教育的一种必然趋势,但不是尽善尽美"。③

三、有关新自由主义与大学发展的研究

新自由主义主张将市场机制引入高等教育,反对政府对高等教育的完全控制,高等教育发展的方向是市场化与分权。政府通过减少财政拨款,迫使大学不得不依靠学费和科研、市场服务等方式来获取经费。同时,通过法律推行分权主张,使高等学校成为独

---

① 朱新涛. 新自由主义经济学的高等教育市场化观点评析[J]. 江苏高教,2004(3):4-7.

② Noel McGinn, Susan Street. Educational Decentralization: Weak State or Strong State? Comparative Education Review, November 1986:472.

③ 陶凤鹍. 联合国教科文组织教材:教育计划与管理[M]. 杭州:浙江教育出版社,1985:151-156.

立法人实体,承担社会问责。

(一)国内有关新自由主义与大学发展的研究

国内直接研究新自由主义与大学发展的文章不多,其中吴合文、毛亚庆的观点较有代表性。他们认为,新自由主义通过强调高等教育所传授知识的可交易性、效率性、个体性、竞争性和自由化重塑高等教育发展的理智特征,全球化则从时空、制度和组织三个维度影响高等教育的社会特性。应对新自由主义和全球化的挑战,需要扭转通过拥抱市场、放弃公共利益来推进高等教育的做法。① 另外,朱新涛通过解读哈耶克、弗里德曼等人的经典文献,总结归纳了新自由主义者的高等教育价值观,指出高等教育市场化是他们的共同特征,并且对高等学校系统从权力分配、管理运作到教育内容安排等都产生了深刻影响,在高等教育市场化改革大潮下,需要批判与思考新自由主义的思想。② 还有一些论文与专著围绕市场化与高等教育发展展开。例如,何晓芳的博士论文《澳大利亚高等教育市场化进程中的大学、政府、市场关系研究》,通过典型案例,追述了高等教育市场化的来龙去脉,分析了市场化对高等教育发展的影响,提出高等教育市场化要适度发展等重要结论。③ 高益民、郭雯霞等人分别以日本新自由主义教育改革为研究对象,撰文指出,新自由主义有尊重个人权利、提倡教育民主的优点,但也会带来忽视教育公共性的问题。④

---

① 吴合文,毛亚庆. 新自由主义、全球化与高等教育发展[J]. 高等教育研究,2008(12):1-7.
② 朱新涛. 新自由主义经济学的高等教育市场化观点评析[J]. 江苏高教,2004(3):4-7.
③ 何晓芳. 澳大利亚高等教育市场化进程中的大学、政府、市场关系研究[D]. 长春:东北师范大学,2008:1-2.
④ 高益民. 日本教育改革的新自由主义侧面[J]. 清华大学教育研究,2002(6):45-52;郭雯霞. 日本新自由主义教育改革反思论[J]. 北京电子科技学院学报,2004(1):82-85.

当然，也有完全赞同新自由主义者。例如，孙发利、李军靠在《新自由主义对我国教育体制重构的启示》一文中指出，新自由主义所强调的市场自由竞争理念能够改变我国教育体制中存在的僵化死板、效率不高等诸多弊端。[①] 在我国，教育产业化与市场化基本上是同一个概念，尽管有学者提出产业化不同于市场化，但在现实中的表现却并没有什么差异，如邬大光认为，教育产业化的本质是引入竞争机制，目标是提高办学效率。[②]

针对市场化对大学的冲击，有不少学者表示担忧。赵婷婷认为，市场手段对大学的影响有其积极的一面，应主动吸纳采用，以扬长避短；但市场目标对大学的影响更多地体现在消极方面，因为其显著的"功利"特征常常会对精神活动造成压力，有时难以兼顾社会目标，对此可以通过强化大学精神予以消解。[③] 阎光才也指出，经济学逻辑在提高高等教育效益方面有着一定的合理性，但经济学逻辑的适用范围是有限度的，特别是在人才培养和知识探究方面，经济学逻辑的蔓延可能会给教育活动和学术活动带来难以预期的后果。经济学逻辑只是社会生活的一个方面，除此之外，社会需要有法学、政治学和社会学意义上的公正和平等的价值追求，需要有伦理学意义上的公共道德秩序和责任意识，需要哲学和宗教意义上的精神超越，还需要有文学和艺术的人文情怀和美学追求，所有这些构成整个社会的生活场景。如果社会为经济学逻辑所主导，势必造成公共领域的失落。只有按照各自的逻辑并行发展，一个社会才能成为社会本身。所以，在这个意义上，高等教育要跳出狭隘的经济学逻辑思维方式，重新思考高等教育的其他价

[①] 孙发利，李军靠. 新自由主义对我国教育体制重构的启示[J]. 广西社会科学，2004(1)：66-68.

[②] 武毅英，邬大光. 关于高等教育产业化若干问题的探讨[J]. 教育与经济，2000(1)：1-4.

[③] 赵婷婷. 大学市场化趋势与大学精神的传承[J]. 高等教育研究，2001(5)：1-6.

值逻辑,确保高等教育的公共性。①

国内虽然没有使用分权这个概念,但是在大学自主权问题上展开了广泛探讨。很多研究从大学的法人地位以及大学与政府的关系来进行思考,如有学者提出新的时代赋予了大学自主和大学法人地位新的内涵和规范;②也有学者认为,保持必要的张力是构建现代大学与政府关系的基本原则;③另外,还有学者提出了落实大学自主权的政策建议。然而,受社会体制制约,实际上我国享有的大学自主权还相当有限。

(二)国外有关新自由主义与大学发展的研究

面对高等教育大规模发展带来的成本增长,许多国家的政府开始允许甚至鼓励发展私人高等教育,同时引入诸如学费、商品和服务销售等私人产业部门的市场取向行为,以及鼓励私人和企业的慈善行为,期冀减少国家财政负担,提高教育的社会和经济效益。他们认为市场化意味着一个庞大而实在的私人部门的出现,意味着高等教育中的公—私平衡的复杂延续性向着"私人化倾向"发展。④几乎所有的国家都越来越重视在高等教育中更多地发挥私人部门日益重要的作用;对科研提供资助、建立新校;政府一方面承认大学的重要作用,同时又试图减少在中学后教育方面的经费。私营化已经成为达到这一普遍目标的途径。⑤德国亚琛工业大学布尔哈特·劳胡特校长在2002年中外大学校长论坛上说:"与行业相比,大学就像一个控股公司。理事会是公司的总部,各

---

① 蔡文伯,蒋凯,董江华,等.大学治理与制度创新的反思与探索[J].高等教育研究,2009(11):107-109.
② 王一兵.大学自主与大学法人化的新诉求[J].高等教育研究,2001(3):10-15.
③ 胡建华.必要的张力:构建现代大学与政府关系的基本原则[J].高等教育研究,2004(1):100-104.
④ 温松岩.高等教育市场化概述[J].浙江树人大学学报,2004(2):1-5.
⑤ 〔美〕菲利普·G·阿特巴赫.比较高等教育:知识、大学与发展[M].人民教育出版社教育室,译.北京:人民教育出版社,2001:18.

个系是子公司,各系都具有很大的独立性,但需要向理事会申请资金。"哈佛大学荣誉校长陆登庭也说,大学的组建方式和企业有很多相似之处,所以大学管理在很多方面类似于企业。[1]

关于市场化对高等教育的影响,米克以澳大利亚和英国的高等教育为研究对象,认为无论在观念或实践层面,市场化与多样化是相互对立的。"在相同的政策环境中,市场竞争已经导致高校之间的互相仿效,以及学术规范和学术价值观的趋同。"[2]他认为不能简单地把高等教育交由市场来解决,学生顾客的高度多样化需求在高等教育市场中没有得到满足。

前哈佛大学校长博克在其《市场中的大学》一书中指出,大学中的计算机科学、生物、公司财务以及其他一些领域的教授们有越来越多地通过智力活动赚钱的机会。企业家精神不仅存在于体育系和大学负责发展的行政管理部门中,而且遍布各个院系。他还认为:"大学的经济利益问题是迄今为止最令人深思的一个问题,而大学参与商业活动给学术研究所造成的危害也是极其真实和严峻的。"[3]

2002年,苏格兰高等教育基金委员会咨询报告指出,"焦点变成过分集中在大学作为一个经济的物品,丧失了我们工作的社会的和文化的维度。"澳大利亚高等教育研究者马金森认为,从20世纪80年代末开始,全球化的影响、政府对高等教育承担义务的减少、学术研究地位的岌岌可危,都使原先由国家主导高等教育的策

---

[1] 教育部中外大学校长论坛领导小组.中外大学校长论坛文集[C].北京:高等教育出版社,2002:333.

[2] 〔英〕马尔科姆·泰特.高等教育研究:进展与方法[M].侯定凯,译.北京:北京大学出版社,2007:136-137.

[3] 〔美〕德里克·博克.走出象牙塔:现代大学的社会责任[M].杭州:浙江教育出版社,2001:189.

略处于危机之中。①

在推行"市场化"的同时,新自由主义还主张"政府分权",即给予大学更多自主权,以便大学对社会的需求与变化作出积极反应。因此,自治与责任的适当结合仍然是争论的一个焦点,无论是在美国还是在其他国家这都是一个极端重要的问题。一方面,如果学校想提供有创造性的教学和进行有成效的科研,它们就必须有范围广泛的自主权。另一方面,通过政府表达出来的社会需求是合法的要求,尤其是在对高等教育的大部分财政资助是来自公共经费的情况下。②"各国政府在越来越把高等教育的发展、革新和多样化的责任转移到高等院校的同时,保留制定广泛的政策,特别是预算政策的特权的趋势。"③在高等教育财政危机成为大学普遍问题的时代,给大学更多的自主权,实际上是出于经济紧缩的考虑。伯顿·R·克拉克所研究的创业型大学就是一批在这种背景下迅速崛起的典型代表,比如华威大学受撒切尔夫人财政紧缩政策的影响,而不得不寻找出路,从而走出了一条卓越之路。政府在放权的同时,也强调了院校的责任制。责任制和自治并是必然不相容的。但是,两个概念之间的紧张关系已经凸显。在要求负起更多责任的地方,常常留下较少的自治。④

在正视新自由主义背景下大学危机的同时,一些西方学者对大学的未来仍然充满信心。贾维斯(2001)认为,再三强调的大学危机与大学的性质和特征有关。杰拉德·德兰迪指出,"在当今社

---

① 〔美〕马尔科姆·泰特.高等教育研究:进展与方法[M].侯定凯,译.北京:北京大学出版社,2007:142.
② 〔美〕菲利普·G·阿特巴赫.比较高等教育:知识、大学与发展[M].人民教育出版社教育室,译.北京:人民教育出版社,2001:91.
③ 〔荷〕弗兰斯·F·范富格特.国际高等教育政策比较研究[M].王承绪,等译.杭州:浙江教育出版社,2001:4.
④ 〔荷〕弗兰斯·F·范富格特.国际高等教育政策比较研究[M].王承绪,等译.杭州:浙江教育出版社,2001:9.

会,大学已经不再是一个再生产工具性和技术性知识的重要机构了,也不再是整合当今支离破碎文化的工具了",相反"大学正在被赋予新的知识民主化的功能和地位"。① 大学是将工业、技术和市场的需求与公民社会的需求最有效地结合起来的社会机构。既然这些社会力量都有赖于大学的专家学者,大学实际上处于优势地位,而非劣势。虽然我们必须承认新知识的生产受到知识工具化理念的制约,由此也导致了大学传统功能的瓦解,但是大学却比以前更能全面服务于社会目标了,但在过去,大学更多地受到其他目标的支配。②

四、有关大学制度的研究

国内有关大学制度的研究已有不少,专著类有胡建华的《现代中国大学制度的原点:50年代初期的大学改革》③,张宗俊的《现代大学制度:高等教育改革与发展的时代回应》④,方明、谷成久主编的《现代大学制度论》⑤,高桂娟的《现代大学制度演进的文化逻辑》⑥,王建华的《第三部门视野中的现代大学制度》⑦等,此外还有不少的博硕士学位论文及大量期刊文章。国内有关大学制度的研

---

① 〔英〕杰勒德·德兰迪.知识社会中的大学[M].黄建如,译.北京:北京大学出版社,2010:7.
② 〔英〕马尔科姆·泰特.高等教育研究:进展与方法[M].侯定凯,译.北京:北京大学出版社,2007:195.
③ 胡建华.现代中国大学制度的原点:50年代初期的大学改革[M].南京:南京师范大学出版社,2001.
④ 张宗俊.现代大学制度:高等教育改革与发展的时代回应[M].北京:中国社会科学出版社,2004.
⑤ 方明,谷成久.现代大学制度论[M].合肥:安徽大学出版社,2007.
⑥ 高桂娟.现代大学制度演进的文化逻辑[M].青岛:中国海洋大学出版社,2007.
⑦ 王建华.第三部门视野中的现代大学制度[M].广州:广东高等教育出版社,2008.

究主要是基于学术组织的视角、高深知识的视角、文化的视角、伦理价值的视角、公共治理的视角来研究大学制度。这些研究，提供了认识大学制度的多个视角，有助于深化对大学制度的认识。由于研究话语的差异，在西方语境中，制度介于无形的理念与有形的组织之间，所以西方高等教育研究中有关大学制度的学术成果主要体现在两个领域。一是存在于有关大学理念的研究中，如纽曼的《大学的理想》[1]，弗莱克斯纳的《现代大学论》[2]，克拉克·克尔的《大学的功用》[3]等；另外，存在于有关高等教育组织的研究中，如伯顿·R·克拉克的《高等教育系统》[4]，约翰·范德格拉夫的《学术权力》[5]等。目前有关大学制度的研究主要可以分为如下两个方面。

（一）有关大学制度内涵与特征的研究

大学制度内涵丰富，不同的人有不同的看法，因此大学制度也是一个用得很宽泛的概念。不少学者围绕大学制度的内涵与特征展开了研究。如潘懋元先生认为，大学制度包括组织机构、决策机制、激励机制、资源配置机制、工作机制和制度创新机制。[6] 邬大光认为，大学制度大体包含两个方面的含义：其一是宏观层面的大学制度，亦可理解为一个国家的高等教育制度，它包括国家层面的办学体制、投资体制和管理体制，是一个国家整个高等教育系统的

---

[1] 〔英〕纽曼. 大学的理想[M]. 徐辉，等译. 杭州：浙江教育出版社，2001.
[2] 〔美〕弗莱克斯纳. 现代大学论[M]. 徐辉，等译. 杭州：浙江大学出版社，2001.
[3] 〔美〕克拉克·克尔. 大学的功用[M]. 陈学飞，译. 南昌：江西教育出版社，1993.
[4] 〔美〕伯顿·R·克拉克. 高等教育系统[M]. 王承绪，等译. 杭州：浙江教育出版社，1994.
[5] 〔加〕约翰·范德格拉夫. 学术权力[M]. 第二版. 王承绪，等译. 杭州：浙江教育出版社，2001.
[6] 潘懋元. 走向社会中心的大学需要建设现代制度[J]. 现代大学教育，2001(1)：30.

总称;其二是微观制度,主要是指一所大学的组织结构和体系,是维系一所大学正常运行和发挥其职能的制度保障。大学制度的发展逻辑表明,是先有了微观的大学制度,而后才有宏观的国家层面的高等教育制度。从一所大学制度的建立,到一个国家高等教育制度的形成,才是大学制度的完整体系。① 宋旭红认为,大学制度可以从根本制度、一般制度和具体制度三个层面入手。② 刘绍怀指出,大学制度是大学管理与运行的规则体系,我国现代大学制度的构架包括两个层面,即宏观层面(学校与外部的关系):政府宏观管理、市场适度调节、社会广泛参与、学校依法自主办学;微观层面(学校内部):党委领导、校长负责、教授治学、民主管理。③ 大学制度是以学术本质为根据、确定大学生存与发展的大学行为规则体系,包括政府管理制度、社会参与制度和大学自身管理制度等几方面的内容。④

不少学者还对大学制度的本质进行了探讨。顾海兵指出,大学制度就是保护教师与学生的人格(教格与学格)与人权(教权与学权)。大学是教师与学生的联合体,是学术共同体,大学的一切是为了教师与学生,大学是为了一切的教师与学生,大学是为了教师与学生的一切,大学制度必须体现这一点,大学的所有具体制度必须服务于这一点。⑤ 他还指出,现行的大学制度与大学作为学术共同体的本质还有着相当大的差距。大学制度是关于大学作为特殊社会机构或组织的制度,是大学在学术生产中对大学理念的关照。大学自治和学术自由制度是大学制度的基石,学术性影响

---

① 邬大光.论建立有中国特色的现代大学制度[J].中国高等教育,2006(19):13-15.
② 宋旭红.我国现代大学制度建构的三个层次[J],2004(10):41-43.
③ 刘绍怀.关于我国现代大学制度的构架问题[N].光明日报,2005-05-07.
④ 张宗俊.大学制度:范畴与创新[J].高等工程教育,2004(3):13-16.
⑤ 顾海兵.大学制度:从纵向平衡到横向制衡[N].南方周末,2007-03-29(B15).

和制约着大学的发展规律,规定着大学制度的内在本质,大学制度在客观上体现了大学的学术诉求。中山大学青年学者任剑涛认为,大学精神和制度具有"相对于组织化社会自我确认特性而言的批判性,相对于重视功利的社会习性而言的创造性与传授知识的超脱性,相对于社会分工专门定势而言的包容性"。①

还有学者通过考察西方大学的发展历程,指出西方现代大学制度的内核是"4A"原则,即 academic autonomy(学术自治),academic freedom(学术自由),academic neutrality(学术中立),accountability(公共责任)。

(二)有关建立大学制度及制度创新的研究

这类研究主要通过分析大学制度存在的问题,进而提出自己相应的对策。例如,别敦荣教授指出,我国现行大学制度存在以下一些问题:大学主体地位不健全,大学还是一个官本位体系,大学还在按计划体制运行,大学定位模糊、功能泛化,大学没有形成自身的精神与文化传统。② 要焕发中国大学的精神活力和创造力,就需要扩大大学自主权,完善大学制度建设。杨东平认为,首先就要改革政府治理模式。按照"责任政府、法治政府、服务政府"的理念,规范和约束政府行为,保障高等教育法所赋予高等学校的各项办学自主权,构建政府与大学的新关系。改革政府直接办学的体制,取消高校的行政上级,使大学真正成为"面向社会自主办学的法人实体"。与此相应,需要采取一系列改革支撑措施,比如改革大学拨款制度、大学校长遴选制度、取消大学的行政级别。③

针对高等教育所处的市场化环境,有研究者认为,市场化价值取向的大学制度创新需要从理念、使命、目标、战略、外部环境、内

---

① 雷震岳.现代大学制度是重要的教育命题[N].科学时报,2005-6-2.
② 别敦荣.我国现代大学制度探析[J].江苏高教,2004(3):1-3.
③ 杨东平.改革大学体制刻不容缓[N].南方周末,2007-03-29(B15).

部条件、运行机制、人力资源政策、教育品牌营销等诸多方面加以运作。需要解决的几个关键问题是:大学与政府主管部门的关系——外部环境的一个关键制度因素;大学内部的组织制度设计;大学与教育消费者——大学生的关系,即大学品牌营销的目标市场问题。① 不少研究者认为,从市场经济出发,借鉴世界一流大学经验,探索"政校分离,产权清晰,利益共享,充分自治"的现代大学制度,建立系统的、真正有效的平衡大学与政府关系的现代大学制度是大势所趋。② 在如何进行制度创新这个问题上,当前应主要抓好以下几方面的工作:一是一流大学建设应该在依法治校、民主管理的基础上,努力营造宽松、和谐的学术环境,发扬批判和独立的精神,鼓励教师进行开创性的研究。二是逐步转变学校行政职能,进一步增强学术权力,加强教师在学校管理中的作用。三是加快教师评聘制度改革,努力建设与国际接轨的现代大学人事制度。四是改革现有的学科和科研管理的组织模式,不断提高一流大学的学科和科研的管理水平,以更好地适应现代学科的发展,促进学科的交叉和科技创新。完善现代大学制度,进行大学体制创新,是一流大学建设新的突破口,也是大学内部生态环境良性循环的需要。③ 建立现代大学制度是中国高等教育改革与发展的必然选择,理顺大学、政府与社会之间的关系是建立现代大学制度的重要目标之一。面向未来,作为控制者的政府应该成为"有限的政府",作为制衡者及孕育载体的社会应该成为"开放的社会",而作为生存与发展主体的大学应该成为"民主的大学"。④

---

① 刘经南,陈闻晋. 叩问中国大学制度创新的四大要素[N]. 社会科学报,2007-02-01(001).
② 雷震岳. 现代大学制度是重要的教育命题[N]. 科学时报,2005-6-2.
③ 蒋树声. 以制度创新建设一流大学[N]. 光明日报,2005-11-30(006).
④ 董云川. 现代大学制度中的政府、社会、学校[J]. 高等教育研究,2002(5):28-32.

五、对既有文献的总结与分析

从以上四个方面的综述来看,既有研究成果为"新自由主义背景下大学制度变革研究"提供了丰富的材料,是展开研究的重要理论基础。不过,从目前的研究现状来看,还存在以下两个方面的不足。

首先,在论述新自由主义对大学的影响方面,现有研究多侧重于具体的外显层面,而鲜见论述其内在机理的。新自由主义对大学的影响必然是多方面的,不过作为一种思想体系,其不会直接对大学产生作用,必然通过一定的方式或渠道对大学运行产生影响。任何一切变化都能从制度上找到根源,毫无疑问,大学制度是新自由主义发挥作用的重要环节,因此以大学制度作为切入点,具有重要的研究价值。

其次,现有的大学制度研究,多基于问题来阐发应然的大学制度,而少有联系社会环境论证大学制度变革的研究成果。高等教育的稳定发展,是一定的制度制约和规范的结果;高等教育的变革,则是个人或集团利益博弈格局变化的结果,最后以强势的一方改变规则而重新进入稳定态。事实上,大学制度的变革首先源于环境的变化,随后大学的利益相关者在博弈中形成新的均衡,从而使大学制度在冲突中不断演进。可见,从大学制度变革与外部环境的关系上寻找制度变革的原因,有助于揭示"是什么"的问题,最终能够更好地推动问题解决。

上述这两点不足,反映了目前大学制度研究的薄弱之处,也为本研究的展开留下了充足的空间。

第四节 基本概念

"新自由主义背景下大学制度变革"研究涉及三个重要概念,

即新自由主义、大学制度及其变革,这三个概念的内涵都相当丰富。为了避免后续研究不为这三个词难以捉摸的复杂性而流于空泛,下面将对其进行讨论。不过,这种讨论不是要揭示这些概念的本质,而是基于研究的需要进行某种"理解"与"诠释"。

一、新自由主义

"新自由主义"是当前使用相当广泛而内涵又十分模糊的一个概念,不仅出现在学术研究中,而且也是现实生活中的一个高频词,在不同的语境下,其呈现出丰富而又变动不居的含义。有一位著名人物曾写到他那个时代的经济动荡:"危机让人怀疑流行的新自由主义正统思想,它们支撑了国家和全球性管理框架,这些非常醒目地没有能防止现在拜访我们的经济破坏。"他接着说:"在过去的一年里,我们已经看到不受约束的市场力量把资本主义带入悬崖边",结论是"不管是政府还是它们代表的人民都对极端资本主义不受约束的体制失去信心"。另一个评论家的观点同样清晰,他指出:"多元主义者的混乱、经济的贪婪、经济自由主义的失败……我们所需要的是一个强大的国家,一个超越利益集团的羁绊、凌驾于经济之上的国家"。不难看出这两人的观点有着某种相似之处,即要加强对自由经济的控制。但是当我们揭开这两人的面纱,会发现两人的观点相差很远。前一段话的作者是澳大利亚总理陆克文,摘自其在 2009 年第 2 期《大西洋月刊》上题为"全球金融危机"的文章,该文的结论是全球金融危机是对新自由主义的全面攻击;而后者则是新自由主义学派早期的创始人德国经济学家吕斯托夫在 20 世纪 30 年代阐述其新自由主义思想时所表达的观点,即新自由主义要改变自由经济不受控制的局面。是耶非耶,究竟何为新自由主义,能否对之形成某种共识呢?

人们对新自由主义的起源和发展历程基本上持相同观点,或许这会有助于我们认识新自由主义。新自由主义首先是经济领域的一种思想,它承袭了古典自由主义的基本价值主张,奉行市场,鼓励竞争,但抛弃了自由放任观念和拒绝全权主义社会制度的鲜明特征,要求维护竞争和防止权力集中。吕斯托夫将主张放任自由的极端市场主义者称之为原教旨自由主义者,他认为需要在原教旨自由主义与共产主义之间找到第三条道路,即新自由主义。自由是新自由主义的基本价值内核,要在尊重个体权利的基础上,强调市场作用的最大化和政府干预的最小化,依靠市场竞争机制来调节经济关系,奉行分权思想。然而,我们所看到的材料,为何对新自由主义的评价差别如此之大呢?笔者认为,不妨这样来理解,20世纪70年代末,资本主义世界遭受了自30年代大萧条以来最严重的经济滞涨,标志着凯恩斯主义经济政策的失败,这也是新自由主义走向经济政治前台的大背景。撒切尔夫人、里根总统当选执政,为使其所在国家走出经济滞涨状态,他们采纳了新自由主义的经济措施。当新自由主义成为欧美等国经济政治生活的主导思潮的时候,新自由主义也就逾越了经济学术思想的范畴,开始扩散到国家政治生活的其他方面。20世纪90年代,苏联解体、东欧剧变,新自由主义成为一种意识形态被输入这些国家。1992年华盛顿会议,新自由主义的价值取向为广大的资本主义国家所认同,并被推行到拉美等国,这标志着新自由主义成为了一种统治全球的意识形态。如果我们沿着这样的路径来思考,也就能把各种有关新自由主义的评论观点串联起来。中国社会科学院"新自由主义研究"课题组认为,新自由主义是在继承资产阶级古典自由主义经济理论基础上,以反对和抵制凯恩斯主义为主要特征,适应国家垄断资本主义向国际垄断资本主义转变要求的理论思潮、思想体系和政策主张。"华盛顿共识"的形成与推行,则是新自由主义从学术理论嬗变为国际垄断资本主义的经济范式和政治性纲领的主要标志。① 从这则材料可以看出,该课题组对新自由主义的批判主要是基于一种意识形态的批判。因此,笔者认为,可以从三个层面来认识新自由主义:作为学术思潮的新自由主义、作为政策主张的新自由主义和作为意识形态的新自由主义。其中,学术思潮属于认知—解释层面,政策主张属于目标—策略层面,意识形态属于价值—信仰层面。新自由主义的发展,经历了从学术思潮到政策主张,再到意识形态的跃迁,不过,学术思潮是其理论的根基,政策主张是其显现作用的中介,而到意识形态的时候就形成了对思想的统制。根据研究的需要,本研究中的新自由主义更多地侧重于目标—策略层面,因为新自由主义对高等教育产生影响,更多的是借助于政策发挥作用,属于目标—策略层面。当然,出于研究的需要,也会从认识—解释的层面去探求新自由主义的某些理论根基。

作为政策主张的新自由主义有哪些基本特征呢?国内学者在这方面做了不少探究,并表现出高度的共识。他们认为,新自由主义在经济理论方面继承了古典自由主义经济理论的基本主张,宣扬"三化",即市场化、私有化、自由化;在政治理论方面,否定公有制,否定社会主义,否定国家干预;在战略方面,鼓吹全球化,倡导以超级大国为主导的全球经济、政治、文化一体化。不能说以上的归纳没有道理,毕竟揭示了新自由主义的某些基本特征;然而,作为当前主导西方社会的意识形态来说,这样的理解可能过于简单。我国经济学研究者韦森指出,近些年来国内学界往往容易忽略所谓的"新自由主义学派"的思想家们对于民主和法制的强调,而仅仅认为他们只是简单地主张经济自由化、私有化和市场化,以及简单地主张减少国家对市场过程的行政干预。这也导致了有些人总是片面地、肤浅地去理解他们的学说,甚至曲解他们的学说,攻其

---

① 何秉孟.新自由主义评析[M].北京:社会科学出版社,2004:4.

一点,不及其余。从国内学界对所谓的"新自由主义"的批评来看,大多数人都没有充分认识到这些经济学家们实际上不是主张政府不干预经济过程,而是不赞成用行政命令干预经济,或尽量不是作为社会资源的大量直接拥有者来参与经济运作,而是用抽象规则(如法律、法规和正式的司法程序)来调节经济过程。①

因此,在研究新自由主义背景下的大学制度变革时,需要整体把握新自由主义,抽取出新自由主义的本质。无论是以弗里德曼为代表的芝加哥学派,还是以米塞斯和哈耶克为代表的奥地利学派,以及以布坎南为代表的公共选择学派,他们的确主张要把推动社会经济增长的主要角色还给市场,并主张要充分依靠市场价格机制和竞争机制去推动经济增长和社会进步;但同时他们也强调,市场经济必须要有法治和民主政治的保障,否则,就会产生某种腐败的、不稳定的市场经济,且必定会导致权贵资本主义,导致社会财富和社会收入分配中的极度不均和不公。② 所以,自由化、私有化和市场化可能只是新自由主义的一个维度,而民主和法制则是新自由主义的另外一个维度。我们可以发现,在推行新自由主义的国家,在进行市场化的同时还伴随着分权,这可以看作扩大参与、推行民主的一个表现。

总之,本研究中的新自由主义侧重于政策主张层面,市场和分权是它的两个基本维度。

二、大学制度

"大学制度"虽然经常见诸报纸杂志,但亦是一个难以给出明确定义的词,因此研究大学制度有必要从考察"制度"开始。

---

① 韦森.市场、法治与民主:一个经济学家的日常思考[M].上海:上海人民出版社,2008:65.
② 韦森.市场、法治与民主:一个经济学家的日常思考[M].上海:上海人民出版社,2008:64-65.

制度通常是指制约和规范人们行为的准则或规则。狭义的制度一般是指正式规则,如人们有目的、有意识地制定的一系列政策法规、条例、章程等,以具体条文形式对其成员的行为作的硬性规定,起到引导、协调、约束、控制的作用;广义的制度不仅包括正式规则,还包括非正式的、非理性化的、非系统化的、不成文的行为规范,如风俗习惯、道德观念、价值信念等。白居易所言的"仁圣之本,在乎制度而已",其中的制度很明显指的是宗法礼仪,属于规范层面,可划入广义的制度。而我们日常生活中的制度,多指的是具体的规章安排,属于操作层面的制度,可划入狭义的制度。

从目前的情况来看,学术研究中制度的含义也十分丰富,其所指各不相同,难以简单地划分为狭义的制度与广义的制度。例如,社会学家认为,"制度是稳定地组合在一起的一套价值标准、规范、地位、角色和群体,它是围绕着一种基本的社会需要而形成的,它提供了一种固定的思想和行动范型,提出了解决反复出现的问题和满足社会生活需要的方法"[①]。而经济学家对制度的定义更为丰富。如舒尔茨把制度定义为"一种行为规则,这些规则涉及社会、政治及经济行为"[②]。凡勃伦认为,制度是由人们的心理动机和生理本能所决定的思想和习惯,"制度实质上就是个人或社会对有关的某些关系或某些作用的一般思想习惯";[③]诺思认为,制度"是一系列被制定出来的规则、服从程序和道德、伦理的行为规范",具体包括以规则和管制形成对行为施加的一系列约束,检验行为是否偏离了规则和管制的一系列程序,一系列的道德和伦理

---

① 〔美〕伊恩·罗伯逊.社会学[M].黄育馥,译.北京:商务印书馆,1994:109.
② 〔美〕R·科斯,A·阿尔钦,D·诺斯.财产权利与制度变迁[C].胡庄君,等译.上海:上海三联书店,上海人民出版社,1994:253.
③ 〔美〕凡勃伦.有闲阶级论[M].蔡受百,译.北京:商务印书馆,1964:139.

行为规范,它们定义了规则和管制选择的订立方式和实施方式;①日本学者青木昌彦根据自己的研究目的,将制度定义为"关于博弈重复进行的主要方式的共有信念的自我维系系统……其实质是对博弈均衡的概要表达";②德国学者柯武刚、史漫飞认为,"制度是人类相互交往的规则。它抑制着可能出现的、机会主义的和乖僻的个人行为,使人们的行为更可预见并由此促进着劳动分工和财富创造"。③从以上所罗列的这些观点来看,基本上可以发现两种意见:一种认为制度就是观念或信念,另一种认为制度是规则。

在西方语境下,"institution"含义丰富,除了指制度,还可指组织,而事实上制度与组织的紧密关系,又使得人们对制度的理解更加扑朔迷离。埃里克·布鲁索和姆汉德·法里斯对制度给出的定义,更容易让人抓住制度的组成内容。他们从制定和解释规则的组织和规则本身两个方面来界定制度的内涵,认为制度一方面是指特定的规则,另一方面还包括制定和解释这些规则的组织机构。诺斯虽然强调制度与组织的区别,即"制度是社会游戏的规则,组织就是社会玩游戏的角色"④,但在理解制度的时候,往往离不开对组织的考察。在实际的研究中,即使对组织深有研究的新自由主义经济学家仍把有效的经济组织作为分析的主要对象,确定组织在制度变迁中的决定性作用,认为组织是制度变迁的主体,制度和组织的连续、交互作用是制度变迁的关键所在。⑤因此,研究制度离不开对组织的分析,组织和制度虽然有区别,但组织是开展制

---

① 〔美〕道格拉斯·C·诺思.经济史中的结构与变迁[M].陈郁,等译.上海:上海三联书店、上海人民出版社,1994:225-226.
② 〔日〕青木昌彦.比较制度分析[M].周黎安,译.上海:上海远东出版社,2001:28.
③ 〔德〕柯武刚,史漫飞.制度经济学[M].韩朝华,译.北京:商务印书馆,2000:35.
④ 朱国云.组织理论:历史与流派[M].南京:南京大学出版社,1997:19.
⑤ 李建德.经济制度演进大纲[M].北京:中国财政经济出版社,2000:111.

度研究的基础。所以,本研究中的大学制度离不开对大学组织特性的关照,大学制度需要以组织为依托才能发挥其作用。另外,由于本研究探讨的是新自由主义背景下的大学制度变革,因此,关注点更多地集中在大学制度的宏观层面。

三、变革

"变革"也被称为变迁、转型、演进等,目前社会学、经济学对之研究较多,一般重在研究为何变革、如何变革等问题,是一个十分复杂的研究领域。社会学家罗伯特曾说:"尽管社会变迁是社会学关心的一个主要问题,有关社会如何变迁、为何变迁以及用什么方式变迁的问题却仍然是这个学科最使人着迷、也是最难解答的问题之一。"并且也很难对变革给出一个确切的定义,不过德国社会学家沃尔夫冈·查普曼指出,人们一般借用社会结构的概念来解释或定义社会变迁,"这样,社会变迁即可称为:社会结构的变化,社会制度的变化。社会变迁理论试图确定借以观察社会变迁的单元和层面:社会变迁的维度,如速度、深度、方向和可控制性,以及能够改变原有制度的外部的和内部的变迁力量。至此,上述内容还能符合我们的日常理解"①。社会学家帕森斯对变革则是另外一种认识,他说:"我们把一个社会制度结构中一次变迁定义为其规范文化的变迁。当我们观察社会制度的最高层次的话,就会涉及整体社会价值体系的变化"。这两人的观点对我们研究变革都有启发意义,查普曼研究变革侧重于组织结构与制度,而帕森斯强调价值层面的变化,应该说这两种意见为研究变革提供了两个基本观察点。

---

① 〔德〕沃尔夫冈·查普夫. 现代化与社会转型[M]. 陈黎,陆宠成,译. 北京:社会科学文献出版社,1998:1.

第五节 研究内容

在大学制度的建构过程中,不同的社会价值取向和利益对大学制度的关注表现出不同的侧重点。① 新自由主义背景下的大学制度变革,实际上也就是新自由主义的价值取向与大学的知识价值取向之间不断博弈的过程。基于这一判断,本研究将以那些受新自由主义政策影响的西方大学作为研究对象,考察它们制度变革的动因,分析不同国家大学制度变革的实例,归纳其制度变革的特征,剖析新自由主义背景下大学制度变革的价值冲突;联系我国现代大学制度建设的现状,对与西方大学面临的相似问题进行探讨,以期能对我国大学制度变革有所借鉴;基于当代大学制度变革中出现的各种问题,省思大学的制度价值,对未来大学制度变革进行展望。因此,本研究主要包括以下几个方面的内容。

第一,回顾和梳理新自由主义及其影响下的大学发展。20世纪70年代蔓延于资本主义世界的经济滞涨,宣告了凯恩斯主义的终结,由此新自由主义登上政治前台。基于新自由主义的经济思想,西方国家普遍采取削减财政经费、压缩公共福利的经济政策,这直接导致大学的财政危机。随着新自由主义思潮的扩散,经济学中限制政府权力的思想也开始影响政府管理,由此分权成为公共管理运动中的核心价值取向。分权的实质,一方面是限制政府权力,促进公众参与;另一方面它也要求分权的利益主体要承担相应的责任。大学历来是一个高度自治的学术组织,在分权思想主导下,大学不再是学院人的事,还要接受社会问责。尽管帕森斯认为,大学是一个模式维持式组织,与宗教组织一样,它的功能在于

---

① 邬大光. 现代大学制度的根基[J]. 现代大学教育,2001(1):30-32.

"揭示"而不是"实施",但在面临外部环境剧烈变化时,大学与外界的稳定态显然不再存在。帕森斯的结构功能主义自然无法解释动荡环境中的大学将会发生的一切。纵观大学发展史,事实上每一次大学变革,都离不开外因的推动,并都对大学变革带来了直接影响。

第二,考察大学制度变革的实例,分析大学制度变革的特征。变革是一个复杂的社会现象,社会学家、制度经济学家为我们贡献了大量的学术成果,为制度变革研究提供了丰富的理论基础。尽管如此,制度变革研究仍是一个相当复杂的问题,其变革的机理至今没能完全解释清楚,这正是制度变革研究的魅力所在。研究制度变革离不开对变革历程的考察与分析,本部分将从实践与理论的维度对大学制度变革展开研究。首先考察受新自由主义影响的美、英、日三国的大学制度,梳理出其变革的脉络与进程,归纳其大学制度方面所发生的变革。新自由主义席卷全球主要资本主义国家,虽然各国的新自由主义政策呈现高度的一致性,但由于各国历史、社会条件的差异,不同国家的大学制度变革还有着各自的特点。美、英、日作为当今世界主要的发达国家,其高等教育发展水平也位居前列,它们大学制度变革的经验与教训值得认真研究。以上述三国大学制度变革的实践为基础,本研究将从制度价值层面、制度规范层面、制度组织层面对大学制度变革展开分析,归纳大学制度变革的特征。

第三,评价大学制度变革的得失,分析大学制度变革中的价值冲突。新自由主义是一种经济思想,对于企业而言可能比较适合,但对于提供准公共产品(教育)的学校或大学而言,不能不对新自由主义持谨慎态度。企业和大学是两种不同类型的组织,它们在价值取向上有着十分明显的区别,并且其运行逻辑也各不相同。受新自由主义影响,大学在提高效率、改进服务质量、密切社会联系等方面有了很大进步,但对于其带来的负面效应也不应小觑,譬如学术资本主义倾向、大学公司化等。客观认识存在的问题,是推进大学制度良性发展的前提。事实上,新自由主义的价值取向与大学的价值取向之间存在着严重分歧,这是很多负面效应产生的价值根源,因此,新自由主义的市场逻辑和大学的学术逻辑之间有着不可避免的冲突。正确认识两者的价值冲突,有利于在实践中调适矛盾。市场与知识、责任与自治是其价值冲突中的两对重要关系,这将是本部分阐述的重点。

第四,省思我国大学制度变革。建设现代大学制度是我国高等教育界关注的重要问题,直接关系着我国高等教育的发展水平,备受高等教育研究者和实践者重视。然而我国大学制度的发展之路充满曲折,长期以来受政府行政约束,缺乏办学自主权;改革开放之后,尤其是在"教育产业化"的冲击下,大学又按捺不住市场的诱惑。梳理我国大学制度的发展历程,分析我国大学制度变迁中的价值选择,无疑有助于从根基上认识我国大学制度建设的困境。在某种程度上,我国大学所处的社会环境,和新自由主义政策影响下的西方大学颇为相似,因此新自由主义背景下大学制度变革的经验与教训值得引以为鉴。但也要认识到我国语境下的市场和分权,与西方国家新自由主义背景下的市场和分权并不完全相同,因此,它们对大学制度变革的影响除了有共性的一面,也还需要认识其实质的不同。

第五,未来大学制度变革的展望。大学早已不是昔日的"象牙塔",而是社会发展的"动力站",知识经济时代的诸多难题都有待大学去解决。以高深知识的生产和传播为使命的大学,如果不能对时代和社会提出的问题予以回答,大学就会丧失其存在的价值。因此,无论环境怎样变化,大学都要坚守大学之为大学的基本价值原则。历史的发展雄辩地表明,学术自由与学术自治是大学得以存在的基本价值取向,尽管随着大学发展,大学的功能日益增多,甚至大学的本质也在不断丰富,但这两种价值取向丝毫未失去其应有的核心地位。世界高等教育中心的变迁,也暗合了这样一个道理,即这两条价值准则体现得最好的时候,也是大学发展最好的时期。大学不可能自绝于社会之外,在知识经济的时代,大学和社会的联系更为紧密与复杂,多重价值在不断冲击着大学,大学何以安身于世是一个需要认真思考的问题。克拉克·克尔的"多元化巨型大学"实际上暗示着大学可以在多元的价值中保持动态平衡,从而在复杂的环境里生存下来。大学制度变革,也需要在多重价值的冲突中寻求一定的平衡。大学制度变革的未来将如何,不妨借用斯坦福大学首任校长乔丹的话来说,那就是最好的大学在未来。

第六节 研究方法

"新自由主义背景下大学制度变革"研究重在揭示新自由主义对大学造成的影响,及其导致的大学制度变革,旨在说明"是什么"的问题,因此根据研究需要,本研究将主要采用文献研究法、历史逻辑法、比较分析法。

一、文献研究法

文献研究法是指通过检索相关文献,在鉴别、整理、分析的基础上形成科学的认识,是人文社会科学研究经常使用的方法。牛顿说:"如果我比别人看得更远些,那是因为我站在巨人的肩膀上。"在研究中,要看得更高,看得更远,离不开前人的文献基础。研究新自由主义背景下的大学制度变革,必然涉及国外大学如何应对新自由主义政策的材料,尽管无法出国亲自调查,但文献研究法能够通过搜集目前现存的大量材料,帮助我们了解国外的情况。当然,在文献研究中需要注意文献的倾向性和有限性问题,特别是对新自由主义而言,不同的研究者有着不同的价值判断,有的学者可能赞成,有的学者可能持批判态度,这就要求在进行文献阅读的时候,一定要以事实为基础,在确凿的信息基础上进行推理,切忌望文生义,或是直接照抄。

二、历史逻辑法

历史逻辑法是指把已经发生的历史事件作为考察对象,通过对历史的叙述,运用逻辑的分析从中归纳出带有一定规律性的结论,以揭示事物矛盾和本质的一种科学研究方法。列宁指出,为了科学地解决社会科学问题,"最可靠、最必需、最重要的就是不要忘记基本的历史联系,考察每个问题都要看某种现象在历史上是怎样产生的,在发展过程中经过了哪些主要阶段,并根据它的这种发展去考察这一事物现在是怎样的"。大学制度变革是一个不断发展的历史过程,有其产生的历史背景和社会原因,借助历史研究有利于廓清大学制度变革的发展脉络。基于历史的叙述,通过逻辑思考归纳出大学制度变革的方式与途径。

三、比较分析法

比较分析法是将两个或两个以上的对象放在一定条件下,按照某种标准比对,从而确定各对象属性的异同、功能的区别等,进而达到认识对象的目的。拉德克利夫·布朗在谈到比较方法时说:"比较方法就是这样一种方法,通过它我们从具体走向一般,从一般走向更广泛的一般;以此为目的并沿着这条道路,我们就可以获得普遍性,获得以各种形式存在于所有人类社会中的共同特征。"[1]有比较才有区别,比较能提供差异性视角,不同大学制度变

---

[1] 〔英〕A. R. 拉德克利夫·布朗. 社会人类学方法[M]. 夏中建,译. 济南:山东人民出版社,1988:107.

革的方式与途径的差别可以在比较中充分显露出来,有助于寻找其变革的深层原因与内在逻辑。比较的方法还能帮助人们在异质的事物间找到某种联系。虽然各国大学制度变革的思路和方式各不相同,但是它们面临的很多问题是相同的或是相似的,借助比较分析的方法可以发现它们之间可资借鉴的成分。尤其是对于我国大学制度变革而言,在市场化和分权的取向下,我国大学和西方大学面临着某些共同的困惑,西方大学的制度变革经验对我们而言有着重要的借鉴意义。

第二章 新自由主义背景下的大学危机

　　从世界范围来看,新自由主义是近 30 年来影响全球大多数国家经济社会发展的主要社会思潮,它不仅给这些国家的经济社会发展带来了深远影响,而且也使大学面临着有史以来最为严重的危机。尽管早在 20 世纪 30 年代,新自由主义就以凯恩斯主义批评者的立场呈现于世人面前,但在很长一段时间内,它都处于学术研究的边缘,其理论主张从未被主流社会所认可。20 世纪 70 年代席卷全球的经济危机,使世界上大多数国家陷入经济增长停滞、社会矛盾激化的困境,然而这次全球性危机却给新自由主义提供了走上社会前台的历史契机。英美两国开始尝试采纳新自由主义有关经济社会改革的建议,其成功经验为其他资本主义国家所借鉴,由此使得新自由主义成为主导全球大多数国家发展经济、增强社会活力的主流理论。在新自由主义影响下,以提高效率为目的的社会公共事务改革也迅速波及大学。乔姆斯基认为,从依赖于公共和私人的资金角度来看,大学是一个寄生组织。大学在管理上所受的烦扰、监督、职责与所有国家福利单位是相似的。① 因此,在新自由主义主导下,大学所面临的危机与社会其他公共部门是一样的。

---

　　① 〔英〕路易丝·莫利.高等教育的质量与权力[M].罗慧芳,译.北京:北京师范大学出版社,2008:96.

第一节 新自由主义兴起的社会背景

任何一种思潮之所以能兴起,都在于能契合时代需要。虽然新自由主义兴起于 20 世纪 70 年代,但早在 20 世纪 30 年代,学术领域就汇聚了一批研究新自由主义的知识分子。受 20 世纪 30 年代世界经济大萧条的影响,凯恩斯主义是当时经济学研究中的显学,更是主导当时资本主义国家的主流社会思潮,因此那时的新自由主义几乎没有什么社会影响。尽管如此,还是有一些学者坚持新自由主义的观点与主张,不为外界环境所纷扰,甘于寂寞,积极探索,深入、认真地研究着新自由主义。到 20 世纪 70 年代,在新自由主义经济学领域逐渐形成了好几个学派,并且其理论积淀也日趋成熟,为其走上经济社会大舞台作了充分的学术储备。20 世纪 70 年代的经济滞涨使整个资本主义世界陷入危机,这预示着以扩张性经济政策为特征的凯恩斯主义不再奏效。尽管在凯恩斯主义的国家干预政策之下,第二次世界大战后的主要资本主义国家在缓解社会矛盾、提高社会福利方面有了显著改善,然而一旦面临经济发展止步不前、甚或严重倒退的局面,逐年攀升的社会公共支出就成了政府的沉重负担。凯恩斯主义一词在 20 世纪 70 年代的西方社会不再具有肯定的意义,而是缺乏活力、效率不高的代名词。随着社会矛盾激化,社会各阶层纷纷开始批评与检讨凯恩斯主义,从此新自由主义从学术领域走向了现实社会。

一、新自由主义兴起的经济背景

新自由主义首先是一种经济主张,它作为凯恩斯主义的对立面而成为政府应对经济滞涨的理论依据。凯恩斯主义认为,之所以发生经济危机,是因为市场中的有效需求不足,因此政府应该运用预算和货币政策来加强对需求的管理,以实现经济增长和"充分就业"。面对1929~1933年资本主义世界的经济大萧条,凯恩斯主义发挥了巨大作用,将世界资本主义国家从濒临破产的边缘解救回来。凯恩斯主义还认为,经济增长、就业扩大与通货膨胀之间存在一种交替关系。假如经济增长、就业状况良好,即便出现通货膨胀,也是能够接受的。但到后期,资本主义国家出现了经济停滞、大面积失业与通货膨胀并存的局面,这让凯恩斯主义无能为力。20世纪70年代发生的石油危机成为引发新一轮危机的导火索,对西方发达资本主义国家产生了深远影响。

在20世纪30年代世界经济危机发生之前,美国一直奉行自由市场经济原则,很少干预经济运行。然而,1932年罗斯福当选为美国总统之后,一改以往的自由放任传统,推行罗斯福"新政"。从此,凯恩斯主义成了政府指导经济社会发展的重要理论基础。第二次世界大战后,杜鲁门的"公平施政"更是"新政"的扩大和延续;尤其在肯尼迪主政期间,他提出"新边疆"施政纲领,实行长期赤字财政政策,继续扩大社会需求,改善社会福利。凯恩斯主义的经济政策使政府卷入经济社会发展的程度越来越深,有资料表明,1929年,美国联邦、州和地方政府中的就业人数,只占以工资和薪金收入为生的非农业人员总数的9.8%。而到1975年,各级政府吸收了1480万工作人员,占靠工资和薪金收入为生的人员总数的19%。政府部门对国民收入总额的贡献,从1929年的5.8%,上升到1973年的15.5%。1929年政府部门购买占国民生产总值的1/10强,1975年则上升为1/5强。当一个国家的地方、州和联邦政府雇用全国19%的非农业人员、占国民收入总额的15%、购买占国民生产总值22%时,政府活动显然会影响国家经济活动的水平和方向。① 同时,政府承担的各项社会福利开支更是与日俱增,数据显示,用于公共计划、退伍军人计划、教育、住房、模范城市、人力训练、合法援助及各种各样的生活福利开支,从1950年占国民生产总值的8.9%,上升到1974年的18%。②

作为资本主义世界最发达的国家,美国也无法幸免于20世纪70年代的滞涨之外。1973～1979年,美国的年平均产出增长率仅为2.12%,远低于20世纪五六十年代的水平。在经济增长缓慢的情况下,失业率仍在不断增加,政府财政支付规模还在逐渐扩大,经济社会发展现状不容乐观。1980年,美国联邦社会保障开支总额为3033亿美元,其中最重要的是社会保障,总开支为1911亿美元,占63%,包括老年和遗嘱保险、残疾保险、医疗保险、失业保险和工伤事故补偿等。其次是公共援助,总开支为429.5亿美元,占16.2%,包括公共援助、补充保障收入、社会服务以及食品券等项目。此外,保健和医疗项目开支133亿美元,占4.4%;退伍军人项目开支212.5亿美元,占7%;教育补助为129亿美元,占4.2%;住房补助66亿美元,占2.2%;其他福利包括职业训练、儿童营养、儿童福利等,总额为87.8亿美元,占3%。③ 美国从第二次世界大战后至1981年的36个财政年度中,其中27个财政年度有赤字,为弥补赤字,联邦政府大量发行国债,每年支付的利息约占联邦开支的10%左右。

英国的经济社会发展状况,与美国有着相似之处。第二次世界大战使英国政治形势急速"左转",1945年工党击败保守党而上

---

① 〔美〕阿兰·G·格鲁奇.比较经济制度[M].中国社会科学出版社,1985:88-89.载高德步.世界经济通史(下卷)[M].北京:高等教育出版社,2005:118.
② 〔美〕H.N.沙伊贝等.近百年美国经济史[M].彭松建,等译.中国社会科学出版社,1983:573.
③ 陈宝森.美国经济与政府政策——从罗斯福到里根[M].世界知识出版社,1988:763.

台执政。在艾德礼主政期间,以费边社会主义、凯恩斯主义作为政府改革的指导思想,进行了一系列温和改革。先后通过8个国有化改革方案,使煤炭、钢铁、运输等基础产业部门实行国有化,大量社会资源流向国有企业,这为政府控制物价、抑制通货膨胀提供了条件,也为社会积累了财富,为提高社会福利创造了条件,使得英国经济能够在第二次世界大战后低速持续增长。"国有化"有利于政府加强对经济的控制,但存在着企业效率不高、管理体制落后等弊端。"福利国家"是工党改革的另一个方面。第二次世界大战后,英国建立起了"从摇篮到坟墓"的社会福利制度,这有助于改善人民社会水平,然而英国在重视社会公平的同时却忽略了社会效率,产生了财政压力过大、个人责任意识下降等不良后果。据统计,1951~1982年社会福利支出增长了2.7倍,而国内生产总值只增长了约1倍,同期社会福利支付占国内生产总值的比重从14.4%跃升为29.4%。① 例如,英国政府教育基金资助大部分学生接受免费初等和中等教育,90%的大学生可以获得政府津贴。事实上,从1973年开始英国经济就开始萎缩,1974、1975年国内生产总值连续两年负增长,众多公司、企业倒闭,到1975年失业率突破两位数。充分就业、需求管理等带有明显凯恩斯主义特点的经济政策已经难以为继,这成为工党下台的前兆。20世纪70年代的经济滞涨是世界主要资本主义国家的"通病",因此其他资本主义国家的经济社会状况与英美两国有着很大的相似性。

撒切尔夫人、里根总统上台执政,被视为新自由主义走上了经济社会前台的标志。1979年英国保守党在大选中胜出,在撒切尔夫人组阁执政的10年间,她推行了一系列新自由主义的改革措施,如国有企业私有化、社会福利制度改革等,使英国经济迅速走出了滞涨的阴影。在发达国家中,英国1982~1989年的经济增长

---

① 高德步.世界经济通史(下卷)[M].北京:高等教育出版社,2005:118.

率达到3%,增长速度仅次于日本,其通货膨胀率也从两位数降到较低水平。撒切尔夫人在经济社会改革中取得了巨大成功,因此她的经济政策和措施被人们称为"撒切尔主义"。其后,英国政坛上不管是保守党还是工党执政,在国家经济政策方面基本上都奉行新自由主义路线。

1980年里根当选为美国第40任总统,其后,里根政府抛弃了主导美国经济社会发展近50年的凯恩斯主义,采纳新自由主义中供应学派和货币学派的经济主张,通过稳定货币供应量、减少政府开支、减轻税负、减少政府干预等措施,美国经济终于在1983年迎来增长高峰,走出了持续13年的滞涨。在里根主政期间,美国经济逐渐好转,但财政赤字却仍在增加。到20世纪90年代克林顿总统主政的时候,美国国内生产总值的年平均增长率提高到3.1%,失业率下降到4.2%,通胀率下降为1.6%。美国经济在20世纪90年代出现了"两高两低"现象,即高经济增长率和高生产增长率,低通胀率和低失业率。美国著名经济学家曼昆说,无论什么时候,年景好了,政治家们都排起队来居功自傲。民主党说目前的繁荣是克林顿财政责任心的结果,而共和党说应该感谢里根,他限制了政府而释放了企业家的创新力量。① 然而,不管是共和党还是民主党执政,美国的经济政策都遵循着新自由主义的基本思想。

英美两国采取的新自由主义经济措施,为全球资本主义国家摆脱经济滞涨提供了经验,并且以新自由主义为理论基础的"撒切尔主义"、"里根经济学"也因此流传开来,成为新自由主义兴起的经济背景。

---

① 宋玉华.美国新经济研究——经济范式转型与制度演化[M].北京:人民出版社,2004:243-244.

二、新自由主义兴起的政治背景

20世纪60年代,保守主义开始在西方国家复兴,严格意义上说,它不是一种思想流派,而是对当时现实政治和社会生活所作出的反应。20世纪60年代的西方社会面临着严重的社会危机,欧洲的"福利国家"和美国的"伟大社会"运动先后受挫,人们对凯恩斯主义表示不满,政治形势开始"右转",不少拥趸凯恩斯主义的自由主义者投向保守主义阵营。他们要求改革社会福利制度,推行私有化,回归传统的自由市场社会。

罗斯福新政以后,为缓和社会矛盾,美国在改善社会福利方面采取了一系列措施,客观上保持了社会稳定,但并没有从根本上解决问题,相反却带来了一些负面影响,导致社会下层阶级产生了不思进取和自暴自弃的观念。此外,为改善社会福利而征收的高额税赋,还挫伤了高收入者的劳动积极性,阻碍了社会生产力发展。保守主义者认为,人们在才智、品性等方面都存在个体差异,这势必导致社会和经济方面的不平等,所以真正的平等应该是机会平等,而不是结果上的平等。只有每个人都享有平等的发展机会,才可使人们尽可能地发挥出自己的才能,最终也才能最大限度地推动社会进步。所以,保守主义主张削减社会福利,保障个人享有自由平等地参与经济社会的机会,以此来改善个人的生存状况。

在凯恩斯主义的指导下,西方国家在第二次世界大战后普遍加强了政府控制经济社会发展的职能,然而也存在政府过度干预的风险。哈耶克指出:"如果所有生产资料都落到一个人手里,不管它在含义上是属于整个'社会'的,还是属于独裁者的,谁行使这个管理权,谁就有全权控制我们。"①当欧美经济陷入滞涨状态后,

---

① 〔英〕弗雷德里希·奥古斯特·冯·哈耶克. 通向奴役之路[M]. 王明毅,等译. 北京:中国社会科学出版社,1997:41-42.

人们更加清楚地认识到,政府干预扰乱了市场的自发调节功能,反倒使经济状况趋于恶化。凯恩斯主义者与保守主义者在对待政府干预问题上有着严重分歧。凯恩斯主义认为,市场的作用不是无限的,市场会失灵,因此政府应该干预和调节经济。而保守主义则反对政府过度干预经济,认为不适当地扩大政府权力将导致严重的社会后果,并且还会损害个人自由权利,即便是公共事务也适宜用市场机制来解决。因此,保守主义主张充分发挥市场作用,在资源配置方面市场比政府更为有效。此外,市场机制能分散政府的决策权,防止形成全能国家,进而可以最大限度保证个人自由。

在欧美社会矛盾不断激化的过程中,具有保守主义倾向的政党纷纷当选执政,撒切尔夫人、里根总统当选执政,标志着保守主义在政治上的胜利。20世纪80年代,保守主义成为西方最流行的政治思潮,而新自由主义的兴起与保守主义的流行又有着密切关联。首先,它们在一些基本主张上有着近乎相同的诉求。例如,经济上强调市场机制,反对国家干预;主张削减社会福利,保障个人自由权利等。又如,撒切尔夫人上台后,她提出了"把英国从一个依赖的社会转变成一个自立的社会"的口号,然后大幅削减社会公共开支。其次,这一时期的保守主义不同于历史上其他时期的保守主义,因为它糅合并汲取了传统保守主义与古典自由主义的基本主张,政治上新保守主义的兴起无疑与经济社会改革中的新自由主义遥相呼应。

有学者曾指出,保守主义的实质是自由主义。保守与自由之间有着内在的逻辑联系,正如著名学者雷蒙·阿隆在其回忆录中所写道的,在英国、法国这类自由民主国家中,只有自由派才是真正的保守派,他们只想着保守自由的状态,保守代议制度,保守传统的价值准则,保守欧洲文明的原则。真正的自由派不仅要保守公民的政治自由,而且要保守其经济自由。①

三、新自由主义兴起的文化背景

第二次世界大战后,西方国家经济繁荣,科技进步,新文化不断涌现出来,时代的快速发展使既有的传统文化和价值观念面临着多元化的挑战。然而,在"冷战"氛围下,西方世界对社会主义心存戒心,意识形态控制甚严,以至于"麦卡锡主义"一词就等同于政治迫害。美国作家诺曼·梅勒认为,第二次世界大战之后的20世纪50年代是"随大流和消沉的时代,一股恐惧的臭气从美国生活的每一个毛孔中冒出来,我们患了集体精神崩溃病。人们没有勇气,不敢保持自己的个性,不敢用自己的声音说话"②。随着资本主义工业社会向纵深推进,社会思想文化受到技术理性的主宰,致使社会活动出现异化,同时人的主体意识也开始觉醒。在垄断国家资本主义继续发展的同时,欧美国家的社会矛盾进一步深化,贫富分化、性别歧视等社会问题不但没有得到缓解,甚至还出现恶化。20世纪60年代西方国家出现的反叛运动就是这些社会矛盾与问题在文化领域的反映。

美国学者莫里斯·迪克斯坦说:"在美国,二十世纪六十年代并不是严格按照年代划分的,而是一个从五十年代后期一直延续到七十年代的时期。"③这段时期是美国历史上最为动荡不安的时期,民权运动、妇女运动、反战运动和青年学生运动都发生在这一时期,这些运动具有共同的特征,即要求民主和自由。以青年大学

---

① 刘军宁.保守主义与自由主义之间——从哈耶克到中国[J].开放时代,1998(4):29-33.
② 〔美〕莫里斯·迪克斯坦.伊甸园之门——60年代美国文化[M].方晓光,译.上海:上海外语教育出版社,1985:53.
③ 〔美〕莫里斯·迪克斯坦.伊甸园之门——60年代美国文化[M].方晓光,译.上海:上海外语教育出版社,1985:1.

生为主体的反叛运动席卷欧美诸国,不满社会现实的年轻人,以他们的实际行动对社会进行挑战。这群反叛青年可以分为两类,一类以玩世不恭的态度对待生活,另一类以激进的政治态度攻击社会主流制度。"垮掉的一代"、"嬉皮士"就是前者的代表,"新左派"就是后者中的政治活跃分子。前者以放荡不羁的生活寻求"超脱"社会,而后者则谋求改变社会,尽管两者表现形式迥然不同,但"解放"是他们的共同口号,体现了自我解放的意识,他们以其实际行动冲击和解构着社会的主流价值。"新左派"成员米尔斯和古德曼等人指出,美国社会富足的表面下掩盖的是阶级不平等,认为"自由主义已成虚妄"。20世纪60年代西方的反主流文化运动瓦解了传统的价值标准,改变了当时欧美各国的社会价值取向,成为文化史上的一个分水岭。在西方学者看来,20世纪60年代是思想解放和文化复兴的时期,西方社会在文化上开始向自由传统回归。

在文化"反叛"运动之外,资本主义的文化矛盾还表现为对技术文化统治的不满。马尔库塞指出,工业社会的一体化和极权化使人产生"单向度的思想和行为模式","整个生产机构以及它所生产的商品和所提供的服务,构成一种强加于社会全体成员之上的社会制度"。[①] 技术理性成为主导资本主义社会发展的唯一动力,个人的主体性精神在现代工业社会中更加脆弱,人类社会面临异化的危险。美国学者迪克斯坦曾借用劳伦斯的话说,"我们时代的整个庞大体制必须去除"。而新自由主义肯定个人自由权利,宣言多元价值取向的思想,无疑契合了反抗资本主义技术文化统治的需要。

另外,新自由主义的学术研究成果开始为学术界所肯定,而且逐渐为社会所接纳。《通向奴役之路》是新自由主义代表人物哈耶克的成名作之一,他在书中指出,福利国家不是为个人自由在战

---

① 潘小松.美国的反正统文化[J].博览群书,2003(2):36.

斗，而是朝着专制的方向在前进，其无意识后果必然会带来集权主义。为了个人的自由，必须反对计划体制，减少国家对个人事务的干预。应该说，新自由主义的基本立场与西方社会的文化风向是一致的，这也是新自由主义能被西方社会认可的基本前提。在资本主义社会深陷滞涨的情形下，也就不难理解为什么哈耶克、弗里德曼等一批新自由主义学者先后荣膺诺贝尔经济学奖；并且一些国际组织，如OECD、IMF、WTO等国际机构也开始将新自由主义奉为它们的经济理论基础。

四、全球化与新自由主义

20世纪后期世界经济领域发生的深刻变化，使国家、企业、个人之间的联系越来越紧密。在经济发展与科技进步的推动下，全球化不再只是一个概念，而是当前人类社会无法置身其外的现实。尽管对全球化有着不同的理解，但全球化无疑首先就是经济的全球化。美国经济学家大卫·M·科茨认为，全球化进程所致的世界资本主义竞争结构的改变是新自由主义在20世纪70年代末80年代初兴起的最重要原因。他指出，在全球化进程加剧了大公司、大银行竞争压力的情况下，尽管管制主义从长远看更能有效地促进资本积累，更符合大企业的长远利益，但它们却更急功近利，更倾向于支持任何减轻税负、放松管制、使其能够自由地与全球对手进行有效竞争的措施。在他看来，正是因为大企业、大公司不再支持国家干预并转向新自由主义，才使新自由主义理论及其政治经济政策大行其道。①

资本主义国家20世纪70年代发生的滞涨是经济全球化纵深发展的一个负面案例。这次滞涨与以往发生的经济危机有着明显

---

① 刘志明.新自由主义全球化的兴起、危害与替代[J].高校理论战线，2010(5)：55-59.

的区别,美元贬值、石油危机是诱发经济滞涨的全球性因素。20世纪60年代晚期美国经济发展缓慢,综合国力明显下降,为应付庞大的国内开支及战争经费,美国大量增发货币,将美国国内的通货膨胀输往国外,致使出现"美元过剩"的不良后果,进而导致世界黄金价格暴涨。因此,美国不得不在1971年宣布布雷顿森林体系破产,结束了美元在国际贸易结算中的霸主地位。1973年第四次中东战争爆发,石油输出国组织将原油价格提高了两倍多,对发达资本主义国家的经济带来严重冲击,造成第二次世界大战之后最为严重的全球性经济危机。受1973年石油危机影响,所有工业化国家的经济增长速度都显著减慢,美国的工业生产下降了14%,日本的工业生产下降了20%。在寻求走出经济滞涨的困境方面,资本主义国家不约而同地转向新自由主义寻求解困良方。

全球化首先在于打破各国之间阻碍流通的壁垒,实现资本在世界范围内的自由流动。跨国公司凭借雄厚的资本、先进的技术在全球竞争中占据着优势地位,自然要求不受限制地在全球谋取利益,宣扬最大限度的经济自由化是其根本利益的反映。在全球化程度不断提高的过程中,生产、贸易、资本等的流动需要有一个世界性的规则。主张"看不见的手"来调节一切经济活动的新自由主义思潮,自然受到全球化利益既得者的青睐。因此,新自由主义成为构建新的世界经济体系的指导思想,例如,世界贸易组织即以新自由主义作为理论基础。尤其是20世纪90年代以来,主要的国际经济组织以新自由主义为依据,形成了一系列以市场为导向的理论,即华盛顿共识。

第二节 新自由主义的基本观点

随着新自由主义的兴起,它成为主导西方资本主义国家社会发展的重要思潮。思潮是一个社会在某一时期中所共有的思想蔚为风气,个人被其影响而不自觉,所以被称为思潮的思想,便成为一个社会现象,能支配各个人的行为。思潮不是少数人的思想,而是社会的共有的思想。① 新自由主义能够成为西方世界所普遍接受的主流思潮,不仅在于它缓解了凯恩斯主义政策给资本主义国家所带来的危机,而且还在于它对整个社会发展有着自己独特的见解与主张。除了在经济上掀起新自由主义的改革浪潮之外,它还给社会公共事务管理带来了观念上的"革命",致力于提高西方社会公共事务管理的效率。当代大学已不再是与世隔绝的"象牙塔",而是社会发展的动力站,是为社会发展与进步提供高深知识的地方,它的公益性自然无法否定,但这并不能成为其躲避新自由主义社会改革的遁词。

一、新自由主义的理论主张

新自由主义在继承古典自由主义的基本思想上发展而成。它和其他自由主义一样共享某些基本的价值观念,比如坚持个人主义立场,强调个人的价值和权利;以个人自由为基本出发点,要求建立民主政治保障个人自由,限制政府权力;经济上要求人人有平等权利进入和参与市场,自由交易,以实现资源的充分配置与合理利用。应该说,新自由主义的一些基本主张延续了自亚当·斯密、李嘉图等以来的自由主义思想,他们相信以个人私利为基础组织起来的市场社会是人类的自然状态,在没有外部阻碍的情况下这种社会将走向繁荣。在个人与国家、自由与民主、放任与约束、市场与政府、效率与公平等关系上,自由主义显然具有个人、自由、放任、市场、效率的偏好取向。

在20世纪30年代的经济危机冲击下,凯恩斯主义经济学取

---

① 贺麟.五十年来的中国哲学[M].沈阳:辽宁教育出版社,1989:62.

代了古典自由主义,然而仍有一批学者坚守自由主义立场,继续研究自由主义。1936年美国政治评论家沃尔特·李普曼的《良好社会原则的探究》,被视为新自由主义思想发展中的重要代表作。1938年,哈耶克、米塞斯等26位学者在巴黎召开了以"自由主义的危机"为主题的李普曼著作讨论会,会上产生了建立新自由主义学术团体的思想。到20世纪70年代的时候,就已经分化成了好几个不同的学术流派,使新自由主义变成了一个复杂的思想体系。狭义的新自由主义指以哈耶克为代表的奥地利学派;广义的新自由主义包括以弗里德曼为代表的货币学派,以卢卡斯为代表的理性预期学派,以布坎南为代表的公共选择学派,以拉弗、费尔德斯坦为代表的供给学派等,产权理论的代表人物科斯也是新自由主义的重要支持者。尽管他们的角度不同,但在基本原则上是一致的。

新自由主义者主张发挥市场的作用。新自由主义的核心宗旨是:让人人都有平等权利进入市场,自由行动,通过市场价格体系的调整作用,使各个市场的供给与需求正好相等,资源得到充分利用和合理配置,人们各自满意,从而使整个社会沿着均衡的轨道稳健地、持续地向前发展。① 市场是传递和整理无数信息及合理配置资源的有效机制,市场能自发合理地配置资源。市场经济的正常运转需要健全的法制保障,借用霍尔姆斯的话来说,它们是自由主义埋在土壤下面的原则;或如北京大学李强教授所言,现代国家原则是新自由主义隐蔽的主题。②

新自由主义主张减少干预国家,尤其反对经济干预,"管得越少的政府才是管得越好的政府"。个人自由是保障市场机制的基

---

① 胡代光. 剖析新自由主义及其实施的后果[J]. 当代经济研究,2004(2):17-21.
② 李强. 历史地、全面地研究新自由主义——专访北京大学政府管理学院李强教授(一)[J]. 当代世界与社会主义,2004(2):34-37.

础,而国家的干预必然会妨碍个人自由。在个人自由和权利能充分行使的情况下,市场机制就可以得到有效发挥,"看不见的手"就能使经济获得最佳发展,从而推动社会良性进步。在市场与政府的关系方面,新自由主义并不赞同古典自由主义的"自由放任"原则,认为政府要采取行动,维护竞争环境,提供私人企业不愿经营,然而却是经济运行必不可少的设施和服务。例如,经济学家弗里德曼认为并不是一般地拒绝政府宏观调控,问题的关键是国家干预与市场力量谁放在第一。

因此,有人根据英美两国推行的新自由主义政策,将新自由主义的理想概括为:"(1)资本、商品和服务在市场上自由流动,削减工会力量,让市场调节分配;(2)减少政府在教育、医疗等领域的公共福利支出;(3)减少政府干预,让市场自我调节;(4)公共企业私有化。"[1]如此概括不免有些偏颇,但也基本上表述了新自由主义的基本理论主张,但是,我们要避免简单化解读新自由主义的危险。例如,有人将新自由主义概括为"三化":市场化、自由化、私有化,这"三化"突出了新自由主义的基本诉求,然而西方国家所实施的新自由主义改革就是按照"三化"的要求来展开的吗?事实上他们的"市场化、自由化、私有化"有着其自身的内涵与限定条件,需要对之进行深度解读。所以,在理解新自由主义基本理论主张的时候,我们要认识到新自由主义并不完全否定国家干预,例如,国家要提供法律、安全等保障,政府最小限度干预市场运行,因为他们也认识到了市场的盲目性,极端的市场是不可取的。弗里德曼就曾说过,他不是一般意义上地反对政府干预。

自新自由主义成为主导资本主义国家经济社会发展的主流思潮以来,便毁誉参半,有人称之为"历史的终结",有人贬之为"现代

---

[1] 田春生.论俄罗斯经济转型前10年的政策失败及其原因[A]//何秉孟.新自由主义评价[M].北京:社会科学文献出版社,2004.

极权主义的一个变种(市场主宰的极权)"。我们看到的多是一些批判的评论,例如,哈贝马斯认为新自由主义的实质是用经济自由的原则取代民主的立宪主义,"用生产者和消费者的私人统治来代替公民的政治自治"①。布迪厄指出,新自由主义是"一种(正在实现的)无限剥削之乌托邦"②,"是一种旨在摧毁集体结构的纲领,其理论纯粹是一种数学上的虚构。它一开始就建立在抽象的基础上,在狭隘的和严格的理性概念的名义下,它把理性取向的经济和社会条件同构成它们的应用条件的经济和社会结构混为一谈"③。具体说来,这些评论都是从某一个方面对新自由主义所作的褒贬不一的评价。但从历史的角度来看,新自由主义有其进步意义。我国学者李任初客观地指出,新自由主义并不是从凯恩斯主义后退,而是在此基础上前进。新自由主义者从凯恩斯主义的失败中,弄清楚了市场失败和政府失败的原因,对市场与政府的局限有了更加深刻的认识,因此,与古典自由主义和凯恩斯主义相比,新自由主义有其自身的理论优越性。④

二、新自由主义的公共事业观

经历了19世纪30年代的经济危机后,受凯恩斯主义理论的影响,西方国家政府职能逐渐扩大。西方国家采纳了凯恩斯主义推崇的扩张性财政政策,通过扩大社会需求来刺激经济发展,政府成了一个向企业订购大量公共产品的巨大需求者。政府不仅要建立和维护市场竞争秩序,而且还要干预经济运行。随着政府职能

---

① 沈红文(摘译).哈贝马斯谈全球主义、新自由主义和现代性[J].国外理论动态,2002(1):10-11.
② 〔法〕布迪厄.遏止野火[M].河清,译.桂林:广西师范大学出版社,2007:103.
③ 何增科.法国学者布迪厄谈新自由主义的本质[J].国外理论动态,1999(4):14-16.
④ 李任初.新自由主义——宏观经济的蜕变[M].北京:商务印书馆,1991:12.

扩张,政府规模也不断扩大,政府财政开支在国民收入中所占的比重急剧增长。到 20 世纪 60 年代末期,全球经济形势持续走低,政府财政收入随之减少,如果政府要维持庞大的公共开支就只有向企业和个人提高税率以增加税收。然而,在经济陷入滞涨的情况下,加税只会让企业活力更加不足,反倒不利于经济发展。另一方面,由于政府垄断了社会公共服务,成为公共产品的唯一提供者,在排除竞争的情形下,容易导致行政效率低下。并且政府没有企业那样的盈亏底线,政府管理缺乏成本意识。虽然政府以全能政府的形象展示于公众面前,但政府却面临着严重的信任危机。例如,1979 年英国公民对公共管理的满意率仅为 35%,不满意率却高达 54%。[①]

新自由主义者重申了市场机制在公共服务中的作用。新自由主义沿用"经济人"的假设,把经济学意义上的市场移用于政治舞台,分析凯恩斯主义指导下公共事务管理中的问题。新自由主义理论把人看作理性的利己主义者,在此理论预设下,认为政府及其官员的行为动机并不一定都代表公共利益,而有可能谋求自身利益的最大化。而提供公共服务的政府官员又具有相当大的自由度,在"经济人"动机的支配下,他们可能会有意或无意地滥用权力,以致损害公共利益。减少政府干预,可以避免发生权力寻租的弊端。此外,新自由主义者认为,由于信息不对称性,公共利益的决策者也无法有效获取社会服务中的供求关系,导致决策缓慢,从而不能有效提供公共服务。"市场"无疑能够引入竞争机制,约束公共服务者的个人私利,使公共决策更为灵敏有效。因此,哈耶克指出:"发展完善的市场是一种使得人们加入比他们所理解的更为广泛深入的过程的有效方式,正是通过市场才使得他们能够为'与

---

① 左然. 当代国际公共行政的发展与改革[J]. 中国行政管理,1997(10):40-43.

自己毫不相干'的目标贡献力量。"①

　　新自由主义者要求重建基本的宪法规则,以此约束政府权力。新自由主义公共选择学派的代表人物布坎南认为:"公共选择的观点直接导致人们注意和重视规则、宪法、宪法选择和对规则的选择。"②他认为,政府公共管理的失败不是政策本身的问题,而是在于约束政策制定的规则出了问题,因此必须改革政府制定政策的规则,以新的政治技术和新的民主形式来约束政府决策。重建宪法规则,可以使公共决策趋于合理,避免政策失误。那么改革的要点就在于进行程序约束和分权。通过权力下放,可以将一些公共事务由中央转向地方,强化地方政府的权力。而在民主制的原则与程序约束下,公众又会更容易对地方政府施加影响,不至于使权力失去控制,可以更为直观、有效地保障自己的权益。

　　新自由主义主张改革政府内部机制,引入私营部门参与公共事务。有学者指出,政府庞大的官僚机构本质上是有缺陷和无效率的,市场可以提供比政府更好的公共物品和服务。③ 政府应该打破公共物品生产的垄断性,在公共管理部门内部建立竞争机制。例如,可以设置两个以上的机构提供相同的公务产品,使他们展开竞争来提高效率;或者将某些公共产品的生产交给私人部门。在政府机构内部建立成本管理机制,树立成本管理意识,激励公共部门提高效率,有利于控制不断增长的财政支出。政府部门在转变管理职能的同时,还可以缩减政府规模,精简政府管理部门,裁汰冗员,避免政府机构膨胀。

---

　　① 〔英〕哈耶克.个人主义与经济秩序[M].贾湛,文跃然,等译.北京:北京经济学院出版社,1989:15.

　　② 〔美〕詹姆斯·布坎南.自由、市场和国家[M].平新乔,莫扶民,译.北京:北京经济学院出版社,1988:22.

　　③ 毕安德,高洁."新公共管理"模式过时了吗?[EB/OL]. http://www.blogchian.com/new/display/16613.html,2003-11-16.

从20世纪80年代起,西方主要国家掀起了公共管理革命,例如,美国的"企业化政府"改革运动、英国的"管理主义"运动、法国的"革新公共行政计划"等,而新自由主义便是其重要的理论来源之一。我国学者姚奇认为,新保守主义的政治主张和新自由主义的经济政策的影响是新公共管理兴起的政治背景,西方国家内部的财政危机、管理危机、信任危机是新公共管理运动在西方兴起的内在原因。西方新公共管理研究者克里斯托弗·胡德也坦陈,新公共管理是新自由主义经济学与管理主义的联姻,"新制度经济学运动促进了基于可竞争性、消费者选择和透明等理念和强调激励结构之上的行政改革教义的形成,这些教义迥异于传统军事化官僚制的'良好行政'的理念,后者强调有序的等级制和消除交叉与重叠"①。因此,新公共管理也被称为以市场为基础的公共行政。

新公共管理的基本主张有着新自由主义的思想印痕。胡德还将"新公共管理"的内涵及特征归纳为如下七个方面:①向职业化管理转变;②标准与绩效测量;③产出控制;④单位的分散化;⑤竞争;⑥私人部门管理的风格;⑦纪律与节约。② 尽管不同的学者对新公共管理的特征表述不尽相同,但新公共管理的核心要素大致可以概括为:以市场为导向,以"三E"——经济、效率和效益为目标。具体而言,在分离"掌舵"与"划桨"两种角色的前提下,实现政府职能转变;政府通过放松市场规制,推行国有企业私营化,采用市场化的手段提供公共服务,允许私营部门提供公共服务竞争,改革政府内部管理机制等措施,优化政府管理职能。政府通过加强结果评估与问责,显著提高行政效率。

---

① 陈国权,曾军荣.经济理性与新公共管理[J].浙江大学学报,2005(3):66-73.
② 陈振明.评西方的"新公共管理"范式[J].中国社会科学,2000(6):73-82.

三、新自由主义的大学观

教育在现代社会中的作用越来越重要,现代国家无不把教育列入社会公共事务管理范畴。科技和教育是衡量一个国家综合国力的重要方面,而高等教育不仅为社会培养高层次科技人才,而且还向社会贡献最新的研究成果。高等教育如此重要,以至于各个国家都极为重视高等教育的发展。尤其是第二次世界大战后,科技迅猛发展,国与国之间的竞争日益激烈,各国政府对高等教育都给予大量资助,高等教育也获得了史无前例的大发展。因为高等教育能为社会发展提供所需的人才和科技成果,在很长一段时间内人们都没有怀疑高等教育的公共属性。

在新自由主义的理论体系中,对公共产品的属性提出了更为细致的分析,认为公共产品可以分为两种,即核心公共产品与准公共产品。如国防、外交、安全等就属于核心公共产品,只能由政府提供;而有些产品则介于公共产品与私人产品之间,兼具公共性与私有性,这类产品就是准公共产品,如市政设施、公共服务行业等。那么准公共产品就可以交由私人部门或第三部门来提供。现代国家的发展需要大批有一定素质的合格公民,担此重任的教育部门自然应该属于公共服务部门,所以教育的公共性不容置疑。在新自由主义者看来,教育能够提升个人地位,使之获得更多发展机会,因此教育也具有一定的私利性,那么教育产品就应归属准公共产品之类。然而,在不同的学者看来,对于教育产品的属性也应分层次看待,如基础教育就更偏向于核心公共产品属性,而高等教育的私有性则更强。总之,高等教育属于准公共产品,或者说具有混合公共产品的性质。

新自由主义认为,既然高等教育是准公共产品,市场机制也就同样适用于高等教育部门。弗里德曼认为,应该把政府拨给大学的经费直接用来资助学生,借助学生的自由选择,以实行大学之间的平等竞争。声誉度高的大学就可以从市场上招募来更多优秀的教师,获取更多的资源,竞争将促使大学提高管理效益。市场竞争能够避免大学趋同发展,在竞争的环境中大学会注重突出自己的特点以吸引顾客,这将形成多元化的高等教育生态。哈耶克也反对把高等教育作为社会福利来分配,主张大学要收取费用。由于高等教育具有准公共产品属性,大学就应该根据成本收取一定的费用,避免用全体纳税人的钱来补贴那些已经处于有利地位的人,否则就侵犯了其他未进入大学学习的人的自由权利,那样也将有损于社会公平。

新自由主义反对政府干预,主张有限政府的原则,认为任何形式的集权或计划将威胁到个人自由。新自由主义认为这一原则同样适用于高等教育。集权会使高等教育政治化,高等教育就会服务于统治的政治需要,而不能适应经济社会发展。哈耶克反对政府控制教育,认为国家控制教育将会对人们实行专制统治,所以政府不应该成为教育的主要实施者,政府干预还会导致高等教育僵化。外来干预将使高等教育失去健康运行的自动调节功能,难以根据市场行情及时调整,不能快速适应不断变化的需求。政府干预会导致高等教育单一化,失去多样性,不能满足不同群体的高等教育需求,不符合社会的自然发展规律。政府过度干预高等教育,将抑制其他群体参与和举办高等教育的积极性,丧失必要的资源渠道。因此,限制政府职能,增强市场性质,将有利于改善高等教育的依赖性和惰性。

在新自由主义的影响下,各国政府对高等教育的属性有了新的认识。当然,反对政府干预,并不是否认政府在高等教育事业中的作用。高等教育的准公共产品属性也决定了政府应该参与其中,只不过政府的作用在于保障社会公平与正义。此外,政府还要发挥监督作用,以提高大学的管理效率和效能。总体来说,在高等教育管理中引入市场机制,赋予了大学更多的自主权,是新自由主义对高等教育改革的基本观点。

第三节 大学制度的合法性危机

新自由主义在西方的兴起,不仅对西方社会的经济政策产生了深远影响,而且其作用也逐渐波及西方社会公共事务方面。大学为社会提供教育服务,在性质上属于公共服务部门,因此西方国家的公立大学以及很多私立大学都能从政府开支中获得财政资助。然而,在新自由主义兴起后,人们对大学的属性、功能等都产生了新的认识。新自由主义认为,高等教育属于准公共产品,不能完全由政府提供财政资助。在新自由主义思潮的影响下,人们开始质疑大学是否提供了有效的高等教育服务。可以这样说,新自由主义改变了西方社会对大学所持的传统看法。

社会学研究发现,在维持组织生存的基本物质条件和技术手段都能得到保证的条件下,组织制度也会发生变革,而变革的动因就在于观念的改变致使组织出现制度合法性危机。"组织如果想要在它们的社会环境中生存下来并兴旺发达,除了需要物质资源和技术信息之外,还需要其他东西。特别是它们还需要得到社会的认可、接受与信任。"[1]这种认可与信任就是组织得以存在的合法性,而当一个组织不为社会所认可、接受与信任的时候,这个组织就面临着合法性危机。现代政治学、社会学等领域的学者从不同的学科视角对合法性问题进行过论述,虽然他们对合法性有着不同的界定与阐释,但学者让-马克·思古德指出:"合法性事实上主要与治权有关。合法性就是对治权的认可。"[2]制度是维系组织

---

[1] 〔美〕W·理查德·斯科特.制度与组织[M].姚伟,王黎芳,译.北京:中国人民大学出版社,2010:67.

[2] 〔法〕让-马克·思古德.什么是政治的合法性[J].外国法译评,1997(2):11-18.

存在的基础,当一个组织面临合法性危机的时候,也就是说,其制度存在着合法性危机。大学制度是大学一切活动得以展开的重要保证,大学制度的合法性危机即是大学危机的集中反映。

大学制度的合法性问题源于人们对大学的不认可、不信任,尤其是在新自由主义改革的背景下,大学制度面临着巨大的改革预期,具体而言,大学制度的合法性危机主要体现在以下几个方面。

一、大学制度的价值冲击

德鲁克指出:"'合法性'乃是一个纯功能的概念。根本就没有绝对的合法性。权力只有在涉及基本社会信念时才可能是合法的。'合法性'的构成乃是一个必须根据特定的社会及其特定的政治信念来回答的问题。一种权力只有在已被社会接受的道德伦理或先验的原则认为正当合理的时候才是合法的。"[①]随着西方社会的主导思潮从凯恩斯主义向新自由主义转变,人们的一系列价值判断也随之发生变化。如前所述,属于社会公共服务部门的大学被人们寄予提高效率,更好地满足市场需要的期望。在知识对经济社会发展越来越重要的年代,大学不可能也无法退回到"象牙塔"中孤芳自赏,大学无法回避市场机制的冲击。

合法性从来都是一个历史的概念,不能用永恒的价值来评价。哈贝马斯指出,一个治权要有合法性,不仅要有正义的价值,还要为人民所接受。事实上,大学制度的合法性历来是以不同程度地满足各个历史时期的需要来获得其合法地位的。大学能从中世纪教权与王权的夹缝中生存下来,原因在于大学奉行学术自治的原则,以学术为其根本使命,并且这一原则能得到教权或王权的认可。文艺复兴后,在主体自由意识觉醒的年代,大学的学术自由原

---

① 〔美〕彼得·F·德鲁克.工业人的未来[M].黄志强,译.上海:上海人民出版社,2002:26-27.

则愈益彰显,德国柏林大学的快速崛起就是一个极好的例子。19世纪的普鲁士是中央集权国家,但"自由"的原则却得到了普鲁士政府的认同,新建的柏林大学开风气之先,"教的自由与学的自由"一时间吸引了众多学界精英,使柏林大学在极短的时间内成为世界大学效仿的典型。尔后,美国出现的"赠地"大学,把其合法性建立于大学应服务于社会和国家这一信念之上,给大学制度注入实用主义的理念,使大学走出"象牙塔",成为社会发展的服务站。

在不同的时代、不同的国家或不同国家的不同时期,大学的合法性地位都有赖于时代的价值信念。大学在其发展的进程中,通过接受这些时代的主流价值而使其具备合法性的地位。

占主导地位的价值基础往往代表着大学的合法性来源,如果得不到社会公众的认可,大学制度就将失去其合法性的理念基础。在新自由主义思潮主导的西方社会中,把市场机制引入大学,提高大学效率等价值判断无疑给大学制度的传统理念带来了有史以来最为深刻的冲击。

市场机制动摇了大学的学术信念。新自由主义将高等教育看成准公共产品,认为市场机制同样适用于大学,大学应该根据市场机制来进行资源配置。尽管西方国家的大学一直处于市场经济的环境中,不管是公立大学还是私立大学,基本上都依赖财政拨款或社会捐赠来维持运行,然而在接受新自由主义的改革主张后,西方政府大幅削减大学的财政拨款,迫使大学不得不靠增加学生学费,通过科研及社会服务等来弥补学校运行经费不足的缺口。西方大学资助政策的变化,最直接的后果就是影响了大学的办学理念。尽管每所大学的使命陈述各不相同,但基本上都宣称以知识传承、知识发现、知识转移为其根本宗旨,但在新自由主义改革的社会环境中,西方大学的实际行动却在某种程度上偏移了既定目标。在市场竞争的环境下,为知识而知识不再是西方大学的唯一动机,关注知识的经济价值也成为大学不得不面对的一个现实问题。因此,市场机制对西方大学的影响虽然无形却相当深刻。

将市场机制引入西方大学意味着市场规则介入大学,这与学术共同体的游戏规则有诸多龃龉之处。大学以追求真理为目的,学术自由、大学自治一直以来就是学术共同体的共同信念,若没有学术自由与大学自治的守护,就不可能进行任何真理的探究。虽然自由经济竞争是新自由主义的基本信念,但是经济的自由与学术的自由是两种不同性质的自由,按照涂又光先生的"三 li"说,经济领域以"利"为基本价值追求,而文化领域则以"理"为基本价值追求,不难看出,经济的自由是以"利"为目的指向,而文化领域的学术自由是以"理"为目的指向。两种自由的对决,实质是两种不同价值理念的对峙。

效率观念也冲击着大学的学术信念。以前的大学是没有"效率"观念的,至少对于效率的理解不同于我们今天的理解。20 世纪初期的美国学者凡勃伦(Veblen)是这样看待大学效率的,"为了使得他们有更高的效率,当然是指在这个活动领域所达到的效率,大学的行政官员必须站在辅助立场上,服务于组成大学的学者和科学家的需要,适应他们的各种怪癖;如果允许相反的关系发生作用,其不可避免的结果就是浪费和失败。自由是学术和科学工作之首要的、永恒的要求"①。也就是说,只要保证了大学的自由,大学就能以理想的状态运转,也就是最有效率的。而在新自由主义思潮的冲击下,社会对大学的传统信任机制受到侵蚀,大学必须向社会证明自身是有效运转的,而有效的重要标准就是投入产出比。英国在 20 世纪 80 年代曾发表过两个对高校管理产生过重要影响的报告,一个是 CVCP(Committee for Vice Chancellors and Principals)在 1985 年发表的《大学效率研究管理委员会报告》,另一个

---

① 〔美〕刘易斯·科塞. 理念人:一项社会学的考察[M]. 郭方,等译. 北京:中央编译出版社,2001:307.

是公共高教全国咨询委员会(NAB)发布的《优秀的管理实践》。两个报告都反映了政府正致力于使公共部门的各种组织在使用公共资金方面取得更高的效率。① 不难看出,在当时的社会背景下,政府对大学的态度,与对其他社会公共组织的态度没有任何区别,大学的管理处于从学院式向经营式转变的过程中。

二、组织场阈的压力

大学是社会大系统中的一个子系统,随着知识重要性的提升,大学与社会的关系越来越密切,大学也更容易受到外在环境的影响。克拉克·克尔说:"大学正被号召去教育数量空前的学生,去响应国家结构的日益扩大的要求,将自己的活动与工业前所未有地融合在一起,去适应并重新开辟新的学术潮流。"② 在制度主义研究者看来,这种外在环境就是组织场阈。在制度主义的视角中,组织场阈"是指那些由组织所建构的、在总体上获得认可的一种制度生活领域。组织场阈的结构,不能被先验地确定,一个场阈,只有其制度轮廓形成时才存在"。③ 迪马吉奥和鲍威尔在深入研究后指出,组织除了为资源而竞争,还要与组织场阈保持一致以获得社会对组织的认可。在新自由主义改革的推动下,社会处于从既有范式向新范式的转型过程之中,随着大学外部环境的剧烈变动,大学面临来自组织场阈的三种制度同形压力,这构成了大学组织场阈的合法性危机。

强制性同形来自于组织场阈中的其他组织向它施加的正式或非正式压力,以及组织所处的社会文化对其所施加的压力,这种压

---

① 〔荷兰〕弗兰斯·F·范富格特. 国际高等教育政策比较研究[M]. 王承绪,等译. 杭州:浙江教育出版社,2001:384-385.
② 〔美〕克拉克·克尔. 大学之用[M]. 第五版. 北京:北京大学出版社,2008:50.
③ 〔美〕沃尔特·W·鲍威尔,保罗·J·迪马吉奥. 组织分析的新制度主义[M]. 姚伟,译. 上海:上海人民出版社,2008:70.

力使组织不得不接受来自外部的要求。从根本上来说,强制性压力源于强制性权力。① 削减公共开支,是西方国家进行新自由主义改革时所采用的重要政策措施。"巧妇难为无米之炊",高度依赖外来资源的大学不得不向社会大系统中的其他组织学习,采用新的管理方式,因此不少研究者认为,大学变革的起源在于政府大幅削减大学财政拨款,这是大学所必须面对的强制性同形压力。

模仿性同形是组织在面对不确定的环境或自身目标模糊不清的状态下,组织以其他组织作为参照系来构建自己的制度结构。特别是当问题原因不明、解决方法不确定的时候,模仿较为成功的组织是更为经济便捷的可行性方案。② 现代大学是一个多目标的组织,具有人才培养、科学研究、社会服务等职能,而每项目标都无法采用统一的标准进行评价。在重视市场作用、关注效率的新自由主义理念影响下,大学如果要获得社会认可,就需要像其他社会公共部门一样来证明自己的效率。尽管大学与其他社会公共部门一样都致力于为社会提供公共服务,但大学和其他社会公共组织有着本质区别。不过,在面临效率考量不确定的情况下,模仿社会公共服务组织的绩效管理方式无疑能为其合法性提供"直观"辩护,可这也会简化大学向社会提供的某些无法测量的精神文化成果。

规范性同形主要源于专业化进程。拉逊和科林斯把专业化理解为"一个职业中的成员集体地界定他们的工作条件和方法以控制生产者的培育,并为他们的专业自治确立一种认知和合法性基

---

① 何俊志等.新制度主义政治学译文精选[M].天津:天津人民出版社,2007:263.
② 何俊志等.新制度主义政治学译文精选[M].天津:天津人民出版社,2007:265.

础的努力"①。大学是学术组织,学者才是学术的真正评价者,然而当大学成为了国家经济社会发展的中心时,大学的事务就不再只是学院人的事务,正如布鲁贝克在《高等教育哲学》中所说的,战争太重要不能完全交给将军来决定。20世纪70年代,一些西方国家进入高等教育大众化时期,高等教育规模迅速扩大,社会各界对高等教育质量产生质疑。大学教育质量是一个无法回避的重大社会问题,学院人作为高深知识的守护者,需要建立专业认证以保障大学生获得了基本的学术能力。专业认证的蓬勃兴起,是大学在新自由主义背景下所采取的一种标准化管理方式。

在组织场阈中运行的大学,必须遵守组织场阈的规则和规范以获得支持和合法性。大学周围组织环境的快速变化,致使大学制度与其生存其间的组织场阈之间存在不平衡,因此大学制度必然要面临强制性趋同、模仿性趋同、规范性趋同的压力。

三、大学制度的有效性质疑

第二次世界大战后到20世纪70年代是高等教育发展的黄金时期,各国政府把高等教育视为推动经济社会发展的重要力量。美国管理学大师彼得·德鲁克认为,大学现在"不仅是美国教育的中心,而且是美国生活的中心。它仅次于政府成为社会的主要服务者和社会变革的主要工具……它是新思想的源泉、倡导者、推动者和交流中心"②。在参加经济合作与发展组织的24个发达国家中,从1950年至1970年,高等教育入学人数从400万增加到1400万,增加到原来的三倍半。其中日本的入学人数猛增至原有的7倍,法国和瑞典猛增至原有的5倍,其他多数国家增加至原来的3

---

① 何俊志等.新制度主义政治学译文精选[M].天津:天津人民出版社,2007:265.

② 〔美〕约翰·S·布鲁贝克.高等教育哲学[M].杭州:浙江教育出版社,1987:21.

倍或2倍。① 全世界的所有发展中国家,在1950年和1970年之间,初等教育的入学人数增加了211%,中等教育的入学人数增加了465%,高等教育的入学人数则增加了511%。②

然而当新自由主义思潮袭来的时候,西方主要国家的政府都采取了缩减大学财政预算的措施。克拉克·克尔和玛丽安·加迪如此描述这一时期:"美国高等教育经历了历史上前所未有的阶段,如此快地从如此高的顶峰一下子滑到如此深的谷底。对于大学和学院的校长们来说,没有一个时期能像20世纪50年代后期和60年代早期一样美好,也没有一个时期能比60年代后期和70年代早期更糟糕。最美好的时代在一夜之间就变成了最糟糕的。"③在撒切尔夫人上台后3天,英国高等教育经费预算骤减1亿英镑,在随后5年里英国政府对大学的拨款减少了17%。正如比彻和科根所描述的:"1981年是政策急剧变化的一年。大学学额的首次明确的削减已不可避免。政府要求大学拨款委员会(SUGC)的成员作出痛苦的决定,是减少学生人数还是减少经费单位……在一次备受批评的决定中……他们决定减少学生人数约20000……各校削减的金额各不相同……大学拨款委员会的分配很重要,因为它意味着与学校的质量评估相结合,从而开始将大学或系分等级,这在1986年履行研究等级测试中极为明显……在五年时间里,14%左右的大学拨款委员会的经费必须依据这些等级所建立的评价等级进行分配。所有英国大学形成一个精英集团的

---

① 〔澳〕W. F. 康内尔. 二十世纪教育史[M]. 张法琨,等译. 北京:人民教育出版社,1990:765.

② 〔澳〕W. F. 康内尔. 二十世纪教育史[M]. 张法琨,等译. 北京:人民教育出版社,1990:891.

③ 〔美〕罗伯特·M·罗森兹威格. 大学与政治:美国研究型大学的政策、政治和校长领导[M]. 保定:河北大学出版社,2008:8.

观念被表示值得怀疑。"① 政府削减大学的经费预算固然有着财政方面的困难,但也同时表明政府对大学质量与效益的不满。

新自由主义者否定了现代高等教育服务于所有人的较大利益这种假定。他们愈加从不同的角度来看待学术机构,认为学术机构不再是纯粹慈善性的机构,不一定值得获得我们曾给予它们的高度信赖。② 在知识经济时代,大学成为经济社会发展的强劲动力,大学不仅为社会提供高层次的现代科技人才,还向社会贡献最新的科研成果。但受大学组织特性制约,瞬息万变的市场信息难以快速地传导到大学中来,大学未必能及时反映市场需求。因此在新自由主义主导的社会氛围下,有人责备大学没有满足社会需求。在英国,新自由主义的知识分子和保守的政客们首先提出了"衰败主义"来证明对高等教育进行监督是有道理的,论据是大学没有根据实业来进行调整,被看作英国实业衰败的一个主要原因。③

由此,绩效成为衡量西方大学是否有效运行的重要指标,尽管大学的绩效不易测评,但大学也不得不面对这个现实。在大学经费日益紧张的情况下,大学教师终身制首先受到质疑。一方面由于财政缩减,大学运行经费紧张,而大学教师薪酬又占去了大部分学校开支;另一方面,人们也开始质疑给大学教师支付的薪酬是否保证了他们都在有效工作。在双重压力之下,大学教师终身制面临改革的压力。把绩效考核引入到大学教师管理中来,以确保大学教师有效工作,这是大学内部管理改革的一个重要方面。其次,

---

① 转引自:〔荷兰〕弗兰斯·F·范富格特.国际高等教育政策比较研究[M].王承绪,等译.杭州:浙江教育出版社,2001:380.
② 〔英〕帕特里克·贝尔特,阿兰·希普曼.重围之下的大学——当代学术领域中的信任和责任制[J].黄春芳,译.大学·研究与评价,2007(2):66-76.
③ 〔英〕帕特里克·贝尔特,阿兰·希普曼.重围之下的大学——当代学术领域中的信任和责任制[J].黄春芳,译.大学·研究与评价,2007(2):66-76.

大学排行榜的出现,可以看作社会对大学运行效率的一个综合评价。有趣的是,大学排行榜与新自由主义的兴起有着时间上的巧合。20世纪80年代《美国新闻与世界报道》推出了世界上第一个大学排行榜,此后其他国家也都先后出现了各种类似的排行榜,如英国《泰晤士报》的世界大学排名、加拿大的麦克林大学排行榜等。大学排行榜根据大学的声誉、学术产出等指标对大学进行排序,以此来帮助新生选择大学,供社会各界参考,实质上就是社会公众对大学运行绩效的一种监督方式。

当高等教育规模迅速扩张之后,高等教育的财政危机、就业危机、质量危机等都会随之出现,而当整个经济形势也呈现下滑态势的时候,对大学采取改革措施是必然的选择。有学者认为,面对20世纪70年代的西方政治经济危机,新自由主义迅速成为一种新的政治霸权,并垄断了高等教育"改革"的议程,使得高等教育体制"改革"被视为一种"别无出路"的命定结果。[1] 哈佛大学前校长德里克·博克在1989年即将离职前的年度报告中也指出:"这个国家的评论界在过去10年中对大学的攻击超过我记忆中的任何时候。"[2]所以,在整个社会思潮发生转向的时候,西方大学也就承担着比以往更大的变革压力。

---

[1] 吴挺锋.新自由主义高等教育"改革"及其批判[DB/OL]. http://www.knu.edu.tw/cge/.

[2] 〔美〕唐纳德·肯尼迪.学术责任[M].阎凤桥,等译.北京:新华出版社,2002:16.

第三章 新自由主义背景下的大学制度变革

面对日益严重的合法性危机,大学制度变革势在必行。新自由主义不仅是西方国家经济社会改革的理论基础,而且也是影响西方大学制度变革的基本指导思想。随着国际政治风向的转变,在世界各国政府推动下,西方国家近乎一致地采取了紧缩大学财政、放松管制的政策。由于各国有着不同的政治、经济和社会文化传统,各国的大学制度变革也有着各自的变革方式,但毫无例外,它们都处于新自由主义改革的"范式"之下,在大学制度变革中体现出共同特征。

第一节 新自由主义背景下大学制度变革的国别考察

经历了第二次世界大战后高等教育的黄金发展期之后,世界高等教育在20世纪80年代陷入了前所未有的困境。美国学者罗伯特·伯恩鲍姆分析指出,世界高等教育至少面临三种相似的危机,即财政危机、信任危机和发展停滞危机。在新自由主义主导各国经济社会改革的背景下,社会公益机构面临着因财政拨款减少而带来的巨大压力,这成为大学制度变革的现实背景。任何政府都将发现越来越难以为高等教育的迅猛发展提供基金,政治观念和现实必要性都迫使政府鼓励选择性的、非政府的基金策略。①因此,制度改革提上了现代大学议事日程的顶端。

一、美国的大学制度变革

在历史发展过程中,美国大学形成了自治、竞争的特点。美国是一个联邦分权制国家,联邦宪法规定,教育事务由各州负责管理。美国社会崇尚竞争,是世界上市场化最为彻底的国家,市场化的环境塑造了大学服务社会的品格。因此,美国大学比世界上其他国家的大学表现出更强的适应社会变化的能力。然而,自新自由主义改革以来,美国大学所发生的变化不只是程度上的差异,更多的是本质的变化。

由于美国联邦宪法未对教育事务作出具体规定,因此长期以来,大学都处于联邦政府的管辖范围之外,几乎不受国家政治因素的影响。第二次世界大战后,联邦政府开始直接与高校发生关系。1944年,美国国会通过《退伍军人权利法案》。该法案提出,联邦政府将资助退伍军人进入高校学习,包括进入私立大学。该法案规定,根据学生的选择来划拨经费,所以接受退伍学生多的院校也就可以获得更多的联邦经费。"冷战"期间,联邦政府加大了对高校资助的力度和广度,这成为影响美国大学系统的重要事件。1958年,美国国会颁布《国防教育法》,该法案规定不仅向公立学院而且也将向非营利的私立学校提供贷款。1963年,美国国会又通过《高等教育设施法》,该法宣布要向所有的非营利大学提供联邦补助金和贷款,以促进数学、自然科学、外语等的教学研究。1965年起实施的《高等教育法》规定公、私立大学均可申请联邦科研经费,并且还将向包括私立大学在内的所有院校提供联邦资助,

---

① 〔荷兰〕弗兰斯·F·范富格特. 国际高等教育政策比较研究[M]. 王承绪,等译. 杭州:浙江教育出版社,2001:47.

这是联邦政府在项目拨款之外首次进行院校拨款。克拉克·克尔认为,第二次世界大战后美国的联邦拨款政策对美国高等教育产生的影响具有和"赠地运动"一样的深远意义,他将这些接受联邦拨款的大学称之为"联邦拨款大学"。虽然美国联邦政府没有对高校实施任何直接控制,但其通过立法和财政资助对高等教育产生了巨大影响。随着拨款经费不断增多,美国联邦政府的影响越来越大,大学对自身的控制力相应减弱。

里根总统上台后采取压缩公共开支,解除对公共事业的管制等新自由主义改革措施,使得20世纪80年代成为美国高等教育发展史上的又一个分水岭。自此,联邦政府对高等教育的热情开始降温,减少了对大学的研究经费和学生资助。1980年,联邦经费占私立院校总收入的18.8%,到1987年的时候降低到12.1%,到1992年时只占4.9%。① 希拉·斯劳特认为,这与其说是教育财政开支的简单紧缩,倒不如说是对教育经费资源的重新分配,分配的方式有专业重组、战略规划以及不断增加兼职教师等,其结果是在专业设置、学额分配、师资建设等方面不断强化了市场化和实用主义倾向。②

受新自由主义影响,联邦政府资助高等教育的思路发生了变化,比如在财政资助方面引入竞争手段,关注院校绩效,把资助直接给学生而不是划拨给院校等。以2001财政年度为例,联邦政府对高等教育的资助总额为520亿美元,其中44%用于研究和发展,23%用于学生资助,18%用于使学生及其家庭受益的税收优惠,8%用于对非营利性大学的税收优惠。联邦政府还通过立法手段刺激大学参与经济社会发展。虽然美国大学有参与社会服务的

---

① 王朝梁. 美国高等教育投资体制的研究及启示[D]. 保定:河北大学,2000.
② Sheila Slaughter. Retrenchment in the 1980s: the Politics of Prestige and Gender[J]. Journal of Higher Education,1993,64(3):251-282.

传统,但这些活动大多是大学的自发行为,政府并没有制定相关政策来推进这些活动。1980年,国会通过了《贝伊—多尔法案》,允许大学和小企业享有在联邦研发经费资助下取得发明专利的收益权。用国会议员的话说,其目标就是要促进商业公司与非营利组织间的联合,这标志着大学可以参与科研开发的利润提成。20世纪八九十年代美国通过了一系列法案,如1986年的《联邦技术转移法》、1988年的《综合贸易与竞争力法案》、1993年的《北美自由贸易协定》、1994年的《关税与贸易总协定》等。总的来说,这些法案强调了及对知识产权的保护,减少了大学从事科研开发的限制,通过突出知识的商品性,刺激大学参与知识生产,进而满足了社会需求。

教育是联邦宪法赋予各州的保留权力,州议会和州教育委员会是管理高等教育的最高权力机构。州议会通过州立法的方式来行使管理权力;州教育委员会主要负责分配州或联邦拨给大学的教育经费,负责院校设置审批、师资标准评审、安全监督等事务;然而,有的州却不设州教育委员会。尽管州政府负责管理州立院校,但一直恪守"把钱放下,什么也别问"的信念,所以州立院校和私立院校一样享有高度的自治权。

第二次世界大战后,随着大量学生涌入大学,州政府加强了对大学的管理。州政府对大学的干预方式有两种,一种是通过任命大学董事会成员的方式;另一种方式是通过执行财政预算的方式。高等教育是州政府财政预算中最具自由裁量权的项目,但州政府的资金占州立大学收入的1/3左右。到1972年,共有47个州设立了州高等教育委员会来协调全州高教事务。从功能权限上看,这些州高等教育委员会又可以分为两种,一种是管理协调性委员会,一种是咨询协调性委员会。管理协调性委员会对大学的控制力强,而咨询协调性委员会对大学的控制力很弱。

20世纪80年代后,在外部环境的剧烈变化下,州政府从关注大学是否遵守相关法令,转移到关注公立大学是否完成了政策目标。尽管1980年以来,州政府也削减了大学财政拨款,但仍是公立大学最大的资助者,来自州政府的经费大约占州立大学总收入的38%。在全美范围来看,来自州政府的经费占州立大学总收入的比例从1981年的46%降到2000年的36%。① 在新自由主义改革的背景下,州政府也放松了对州立大学的管制,给予大学更大的自主权,增强了州立大学管理的灵活性。例如,马里兰州政府赋予大学使用预算资金的自主权;康涅狄格州准许州立大学制定学费标准;爱达华州改变了州政府的高等教育拨款方式,由按学生人数进行补贴改为按总额度拨付等。在给予大学自主权的同时,州政府也减少了大学财政拨款,如加州大学系统1990年财政预算的37%来自州政府拨款,而到2004年的时候就降到了23%;宾夕法尼亚州立大学1990年财政预算的21%来自州政府拨款,2002年则削减到13%,以至于其校长感叹道:"我们越来越像私立大学"。

在政府与大学的关系上,政府从资源提供者转变为服务购买者。第二次世界大战后,美国高等教育迅速发展,但其资助模式基本上是"平均主义"的,也就是某个或某类高等教育机构获得了资助,那么其他高等教育机构也会得到同等资助。② 在新自由主义改革背景下,联邦政府主要将经费投向科研资助、学生资助、公平保障,而不再对高校平均进行资源分配。院校在获得州政府财政拨款时,要接受附带责任。从政府对大学的经费拨款来看,市场的竞争机制得到了强化。

大学缺乏自主权,似乎是一个全球性的问题。1982年,卡耐

---

① 〔美〕菲利普·G·阿特巴赫,罗伯特·O·伯达尔,帕崔凯·J·甘波特.21世纪的美国高等教育:社会、政治、经济的挑战[M].施晓光,蒋凯,译.青岛:中国海洋大学出版社,2007:91.

② 卢乃桂,罗云.西方高等教育的企业化进路[J].高等教育研究,2005(7):93-99.

基教学促进基金会发表的《高等教育管理》报告指出,20世纪以来美国大学穷于应付各种官僚机构提出的形形色色的要求,自主决策空间甚微,呼吁扩大高校管理自主权。① 从政府与大学的关系来看,在新自由主义改革背景下,大学的自主权有所扩大。新自由主义的改革逻辑是,自主权的扩大以承担相应的责任为前提,特别是财政责任。因此,大学在获得自主权的同时,所承担的财政压力也就随之增大。为应对瞬息变化的外部环境,大学必须加强决策权以快速对环境作出回应。这样,在政府向大学放权的同时,校内权力在院校层面趋于集中。美国大学董事会是校内的最高权力机构,负责选举和任命校长、决定学校重大事项,校长负责管理学校的具体事务,学术事务则由教师评议会负责。当大学面临不确定的外部环境时,美国大学校长的权力也就相应增强。现实的情况是,美国大学中以校长为首的行政管理团队在校务决策上比大学教师评议会更有发言权。

虽然美国大学一直以来就处于市场化的环境中,但在新自由主义的影响下,美国大学从外部市场走向内部市场。在美国实用主义的文化氛围中,美国大学有主动服务社会的意识,但美国大学参与的经济活动大多是自发行为,譬如与产业进行科研合作、建立大学科技园等。然而,当新自由主义出现后,美国大学的市场化活动显得更为有意识、有目的。在提高大学管理效率的诉求下,美国大学积极采用企业化的管理方式,比如战略管理、全面质量管理等手段来再造大学管理规范。美国大学还积极进行组织制度创新。现在不少美国大学取消了教师终身制,或者是对教师终身制进行改革,以激发教师工作的创造性和积极主动性。美国大学还介入

---

① The Carnegie Foundation for the Advancement of Teaching. The Control of the Campus. A Report of the Governance of Higher Education. Princeton, N. J. 1982. //田爱丽. 现代大学法人制度研究[M]. 上海:上海教育出版社,2009:10.

资本市场,通过投资公司来购买股票,这改变了人们印象中传统大学的角色。美国大学还借鉴营利性大学的经营管理方式,向社会提供继续教育的服务项目,例如,康奈尔大学、纽约大学就仿效营利性大学成立了专门提供远程教育服务的营利性机构。为了提高服务质量和管理效率,美国大学还将学校的非核心事务分离出去。

新自由主义的思想还影响了美国大学的教育教学活动。在以消费者为导向的改革背景下,美国大学的招生人员开始像商业机构一样雇请市场专家作为招生顾问;为迎合学生需求,美国大学增加了实用性课程。与联邦财政拨款减少的趋势相反,大学从工业界获得的学术研究资助不断上升,1980~1998年以年均8.1%的速度增加。据统计,1997年来自工业界的学术研究资助额度就达到19亿美元。特别是美国政府出台了一系列保护知识产权的法案以来,美国大学在科技发明上的收益日益增多,并且还成立了相关的技术转让中心、研究中心等机构。

营利性高等教育机构是新自由主义改革背景下美国高等教育发展中出现的新趋势。美国教育委员会在2002年发表的《适应需要和创造利润:营利性学位授予机构的出现》报告中指出,营利性机构的招生增长幅度超过非营利院校。从1989年到1998年,营利性大学招生人数增加了59%,而同期的公立大学仅增长了6%。营利性机构在两年制教育市场中的份额从19%上升到28%,在四年制教育市场中所占的份额从3%增加到8%。从1989到1999年,两年制营利性学位授予型大学的数量增长了78%,总数达483所,公立大学仅增长9%,共1075所,非营利私立院校则下降了6%,只有169所。在四年制大学中,营利性学位授予机构增加了194所,增幅达266%。在校生人数方面,营利大学招生数增加了59%,而公立院校和非营利私立大学分别增加了6%和10%。营利机构在两年制院校中的份额从19%增加到28%,在四年制院校中的份额从3%增加到8%。①

二、英国的大学制度变革

英国大学有着悠久的办学历史,具有自治的传统,但是大学发展缓慢,且远离社会需求。第二次世界大战前,英国没有一所称得上是由政府创办的大学。尽管政府也向大学提供办学经费,但几乎不插手大学事务。大学的管理委员会通常是由政客、企业家、学者及其他社会知名人士组成。为了提高高等教育入学率,1963年英国发表了《罗宾斯报告》,提出要让有能力、有条件、有愿望接受高等教育的人获得接受高等教育的机会,这标志着英国政府开始介入大学管理。1963~1968年,英国共成立了10所有别于牛津、剑桥等古典大学的新大学。1965年,时任教育与科学部大臣的克罗斯兰德在乌尔维奇和兰开斯特的演讲中分别提及了"高等教育两部分"原则,即大学与多科技术学院两部分,这成为英国"二元制"管理体制的开端。在随后的1969~1973年,英国共创建了30所多科技术学院。通过创建新的高等教育机构,英国高等教育入学率有所提高。随着高等教育规模迅速扩大,政府的财政负担也相应增加。

受20世纪70年代经济滞涨影响,英国财政收入减少。面对严重的财政赤字,英国政府采取了削减高等教育经费的措施。撒切尔夫人上台三天后,大学经费就被削减了1亿英镑,在1980~1984年大学财政拨款削减了17%。撒切尔政府取消了包揽高校经费的政策,代之以有条件拨款;将政府向学生提供的奖学金改为贷学金;取消大学学额分配制度,让大学和学生双向选择;减少管制,允许大学向市场寻找经费。撒切尔政府所采取的这些措施,与他们在公共部门管理改革上的新自由主义思路一脉相承。

---

① 杨石.美国营利性大学,高教市场新兴力量[N].科学时报,2002-11-25.

自 20 世纪 80 年代以来，英国政府采取了一系列措施以推进大学制度变革。1985 年发布的绿皮书《20 世纪 90 年代英国高等教育的发展》中指出："自 1945 年以来，英国的经济成就是令人沮丧的，目前是该由高等教育来为英国经济发展作出有效贡献的时候了。"1987 年的白皮书《高等教育：应付新的挑战》中指出，高等教育要有效地配合经济发展，培养符合未来雇主需求的人才；把"将更有效地为经济服务"和"同工商界建立更密切的联系"作为英国高等教育改革的三大任务之一；此外，要对高等教育机构与工商界的各种合作予以奖励，大学拨款委员会要有工商界代表。1988 年，英国通过了《教育改革法》，规定多科技术学院脱离地方教育行政管辖，具有独立法人地位；提出要改革拨款中介机构，弱化大学自治，加强对高等教育的干预；提出要引入市场机制，使大学更好地为经济发展服务，并且强调质量和效益的原则。根据 1988 年《教育改革法》的要求，1989 年新成立的大学基金会代替了大学拨款委员会，还新设了多科技术学院与其他学院基金委员会。1991 年的白皮书《高等教育：一个新框架》中提出，要结束大学与多科技术学院和其他学院之间日益严重的人为区分，建立一个统一的高等教育拨款机构。1992 年《继续教育和高等教育法》获得通过，34 所多科技术学院及一些其他学院升格为大学，这标志着英国"二元制"的终结。高等教育基金委员会（HEFC）成为英国唯一的大学经费拨款机构，取代了大学拨款委员会和多科技术学院与其他学院基金委员会。另外，该法案还要求英国高等教育建立"完全市场导向的体制"。

　　1997 年的《迪尔英报告》检讨了英国近 20 年来的教育政策和发展状况。该报告指出，虽然过去 20 年政府对高等教育的拨款增加了 45％，但由于学生人数的增加，实际生均经费减少了 40％，经费短缺是英国高等教育发展的现实问题。该报告还指出，大学没能及时回应多样化的社会需求，例如，课程和教学内容比较单一，不能满足学生多元化的要求。在对未来形势作出预测的基础上,该报告建议,大学要拓宽经费来源渠道,吸引产业部门的经费,提高经费使用效益;政府要加大对高等教育的投入;向学生收取学费,增加办学经费等。该报告延续了新自由主义的改革思路,是近年来影响英国大学变革的一份重要文件。

由于英国有着悠久的大学自治传统和独特的大学发展历程,因此,新自由主义主导下的英国大学制度变革也表现出自身的特点。

在政府与大学的关系上,政府通过引入竞争机制,加强了对大学的干预。首先,英国政府废除了"二元制",这是英国高等教育发展中的重大变革。建立"二元制"的直接目的是为了满足社会对实用人才的需求,提高高等教育入学率。然而,处于英国学术"金本位"氛围浓郁的环境中,这并没有促使精英型大学回应社会需求,反倒造成高等教育机构之间的趋同,和经费分配之间的不公。废除"二元制",解除地方政府对多科技术学院的干涉,使其能和大学一样能从高等教育基金委员会获得资金。克拉克·克尔认为:"这种合并以根据在学生、教师、专业和科研经费方面竞争的成绩在院校之间和院校内部进行分化的政策,取代大学的'金本位'政策。"① 由"二元制"向"一元制"的变化,是英国高等教育管理体制在市场化压力下的理性选择。

其次,政府改变拨款方式,通过合同拨款、立法等调控方式来干预大学发展。一直以来,英国政府尊重大学自治传统,对高等教育奉行"自下而上,不插手"的原则。特有的大学拨款委员会使得大学既能获得来自政府的办学经费,又免受政府干预。撒切尔夫人上台后,通过压缩高等教育财政开支、改用合同拨款方式向大学

---

① 〔美〕克拉克·克尔.高等教育不能回避历史[M].王承绪,等译.杭州:浙江教育出版社,2001:106.

提供资助,政府从办学经费的提供者变为了投资人。大学拨款委员会由政府与大学之间缓冲器的角色转变为把政府意志传递给大学的传导器。因此,长期在大学拨款委员会担任职务的阿什比和伯达尔将其机制称为"隐蔽的统制主义",即国家隐蔽地对大学进行控制。特别是1992年改革后,大学拨款委员会和多科技术学院拨款委员会合并为高等教育基金委员会,这使所有高校在同等条件下竞争财政拨款。新自由主义改革前,大多数英国大学80%的办学经费来自政府,拨款方式的改变及拨款金额的削减使英国大学陷入空前的财政压力之中,而经费来源的变化直接影响着管理方式的变化,"几乎所有英国高等教育领域的传统习惯和做法在多数院校里正在经历着往往是痛苦的再审查"①。

自20世纪80年代以来,英国政府频繁发表有关教育改革的政府公报,并出台法令推进大学改革。英国政府发布的白皮书、绿皮书等政策咨询文件,成了大学改革的指导性纲领。英国政府通过立法,加强对高等教育的控制。例如,1988年的《教育改革法》提出,要实施国家课程和考试制度,以确保教育质量;引入市场原则,促使大学从生产者中心转向消费者中心,提高管理效率等。

在校内管理体制上,大学副校长的权力得到加强,而学术评议会的权力被削弱。由于英国有着深厚的学术自由传统,英国大学内部的学术管理结构并没有发生改变(图3.1),校务委员会或董事会负责大学的全面事务,学术活动由大学评议会负责。然而,受新自由主义改革影响,英国大学内部权力也作出了调整。1985年贾勒特报告提出,大学要重视管理效率,并且将效率区分为内部指标、外部指标和运行指标。1986年英国校长协会和大学拨款委员会(CVCP/UGC)联合工作小组将效益指标又区分为输入指标、过

---

① 〔荷兰〕弗兰斯·F·范富格特.国际高等教育政策比较研究[M].王承绪,等译.杭州:浙江教育出版社,2001:393.

程指标和输出指标。受这些官方或半官方机构的政策指导性文件影响,英国大学的内部权力划分有了新的调整。一般来说,英国大学校长由社会名流担任,不负责具体管理事务,只具有象征性意义。大学副校长才是大学事务的具体管理者,但英国大学有着深厚的自治传统,大学副校长的权力范围也极为有限,学院院长则具有相对自由的财权和事权。在新自由主义改革思路的影响下,贾勒特报告指出大学副校长是学校的首席行政官,大学理事会成员应该与副校长及其领导的管理团队共同制定大学目标,以此目标来管理各院校,这样就削弱了大学学术评议会的权力。

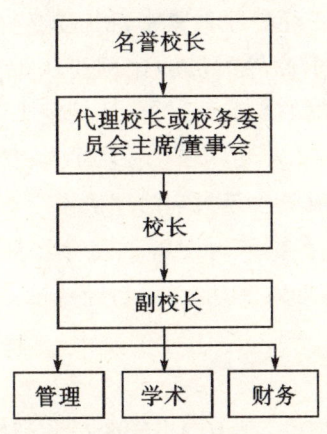

图 3.1 英国大学的管理结构图

市场机制引入到大学管理中,增强了大学活力,密切了大学与社会的联系。英国大学自治传统深厚,且不承担筹措办学经费的责任,因此,很长一段时期以来,英国大学较少对社会需求作出回应。前英国教育大臣贝克 1987 年在下议院提出教育改革法案时说道,英国的教育制度是一种生产者主导的制度,无法对以往十年里日益急迫的改革作出敏锐的反应。1987 年的白皮书《高等教育——迎接新的挑战》中指出,多科技术学院对经济发展有着重要作用,但是地方政府的管理却妨碍了它们与工商界之间的合作关系,因此要减少地方政府的干预,使多科技术学院成为独立法人,享有人事、财务等自主权。在市场机制引入大学管理之后,不管是享有"自治"权的大学还是多科技术学院,都面临着在市场中竞争资源的压力。剑桥大学在这方面作出了表率,通过创办科技园,剑桥大学把一大批企业吸引到剑桥周边来,实现了产学研之间的互动,剑桥科技园成为欧洲最成功的科技园之一。此外,政府也积极采取措施,促使大学与企业联姻,例如,在20世纪80年代,英国成立了工业与高等教育委员会,鼓励大学和企业申请具有战略意义的科研项目,支持大学建立企业技术中心,帮助学生进行技术创新。为了使大学和工商界联系紧密,积极响应社会需求,政府规定大学拨款委员会中工商界委员的比例要从1/8提高到1/2,以增加工商界人士对大学的影响。另外,还规定1992年新大学的治理机构成员不得少于12人,也不得超过24人,且要有一定比例的工商界人士作为独立成员参与大学治理机构。

通过转向市场,英国政府缓解了高等教育扩张所带来的财政负担,提高了大学管理效率,增强了与经济社会发展的联系。

三、日本的大学制度变革

第二次世界大战后,在美国占领委员会主导下,日本改革了战前的教育管理体制,确定了第二次世界大战后日本教育制度的基本格局。1947年通过的《教育基本法》,确定了日本教育制度的民主、中立、地方分权等基本原则。1953年发表的《文部省设置法施行规则》又在一定程度上加强了文部省的管理职能,例如,文部省具有将经费直接分配给大学讲座的权力,而不必经过大学院校层级。第二次世界大战后,随着经济形势日渐好转,日本高等教育迅速发展,高等教育毛入学率从1960年的8.2%提高到1975年的27.1%。1975年日本通过了《私立学校振兴援助法》,决定对私立院校予以补助,以帮助私立院校提高质量。与公立院校类似,其补助形式分为"一般补助"和"特别补助","一般补助"按教师、学生人数进行补助,"特别补助"用于奖励有特色的教育研究。

20世纪70年代末期,日本财政状况恶化、赤字激增,政府开始削减教育投入,高等教育的黄金发展期结束。日本国立大学虽然数量少,但基本上都是日本最好的大学之一;私立院校尽管在数量上占优势,但教学研究质量难以与国立大学相抗衡。因此,作为优质教育资源的日本国立大学备受人们关注。尽管日本国立大学享有很大的自主权,但作为政府附属机构而存在,不具备独立法人地位。国立大学的绝大多数办学经费都来自政府,并且文部省直接掌握大学经费、人事等重大事项的决定权。到20世纪80年代,日本大学系统和法国一样,已经检验了一个试图统帅财政、人事和课程的统一的结构的极限。[①] 由于管理体制僵化,日本国立大学管理效率低下,缺乏适应社会的灵活性,因此各种利益相关者要求改革国立大学的意愿十分强烈。

20世纪80年代以后,新自由主义思潮开始主导日本教育改革进程。1983年,日本成立了负责教育改革任务的临时教育审议会,决定用市场机制改革公共教育,提出了日本教育改革的基本原则,即由规制改为自由、由保护改为竞争、由划一改为多样、由僵硬改为柔软。在其提出的咨询报告中,日本临时教育审议会阐述了大学改革的三个基本观点,即重视个性的原则、向终身学习体系过渡、适应社会变化。日本政府于1991年修订了《大学设置基准》,决定扩大高校自主权,改变僵化的管理体制,适应社会发展需要。以前的《大学设置基准》对大学课程结构规定过细,妨碍了院校设计个性化课程的自由权利,不利于大学实施个性化教育。因此,在修订《大学设置基准》之后,大学获得了自主开设课程、制定学分标

---

① 〔美〕伯顿·R·克拉克.探究的场所[M].王承绪,译.杭州:浙江教育出版社,2001:198.

准的权力,提高了教学活动的自由度,该法令还规定大学要对自身的教学科研活动进行自我评估。

尽管日本政府放松了对大学的管制,但是日本国立大学还是没有表现出应有的活力与效率。譬如,许多日本企业宁愿与国外大学进行产学合作,在国外大学设置讲座教授,而不愿意与管理僵化的国立大学合作。因此,日本国立大学面临着根本性的变革。日本政府已经宣布了一个政策,放弃家长式的仔细的指示和指导方针的战略,走向把基本的决策让给院校的比较宽阔的战略,允许它们以更加灵活和自主的方式发展它们的教学和科研活动。①2001年,文部科学省出台了《国立大学机构改革方针》。该方针提出了大学改革的三个方向,一是促进国立大学的合并重组;二是把私营机构的经营方式引入国立大学;三是引入第三者大学评价制度。并且还指出,大学要聘用校外专家担任大学领导,实施灵活的大学管理,以能力和成果作为人事考核指标,并根据评估结果决定大学经费分配比例。日本国立大学改革的目的,与新自由主义的改革思路一脉相承,即减少国家干预,引入市场机制。2003年日本议会通过国立大学法人化改革方案,2004年国立大学法人化改革正式实施。

在大学与政府的关系上,日本国立大学脱离政府,成立独立法人实体。文部省保留中期目标和计划的审批权,从法律和财政上监督大学。政府从以前对大学的直接控制改为根据中期目标的合同来进行管理。文部科学省在各国立大学意见草案的基础上,提出一个六年的中期计划,然后国立大学根据批准的中期计划制订具体的年度计划,这些计划成为政府对大学进行管理的依据。国立大学要接受第三方机构的评估,如接受大学评价与学位授予机

---

① 〔荷兰〕弗兰斯·F·范富格特.国际高等教育政策比较研究[M].王承绪,等译.杭州:浙江教育出版社,2001:416.

构对学校教育研究工作的评价,以及国立大学法人评价委员会对学校管理的综合评价。国立大学法人评价委员会向总务省、文部省汇报评价结果,反馈意见。国立大学法人化改革方案还决定,每年削减1%的大学财政拨款,逐渐将市场机制引入到大学中。

国立大学的校内体制也发生了改变(图3.2)。学校权力从评议会转到以校长为核心的董事会。作为校内的最高决策机构,董事会负责审议学校重大事项,如中期目标及年度计划、预算的编制与执行、校内组织的设置与调整。国立大学还设置了大学经营协议会、教育研究评议会。大学经营协议会负责审议学校管理事务,如中期目标及年度计划中的有关具体管理事项、校内章程规则等的制定修改与废止、预算执行、管理评价,及其他重要的管理事情;教育研究评议会负责大学学术事务,如教师人事聘任、课程设置、招生、教育研究评价。国立大学由以前以学部为单位的决策,变为听取学部意见及校外意见之后的校长决策,显然教授会的权力受到削弱。此外,在校长的选派上也发生了变化。以前大学校长由教授会选举,再经文部省任命的程序,改为由校长选考会(有校外人士参与)遴选,再经文部省任命。改革之前,日本国立大学校长权力有限,受到文部省和大学教授会的双重制约,而改革之后,校长具有更大的协调控制权,即使在经营协议会和教育研究会有异议的情况下,校长也可自行决定。

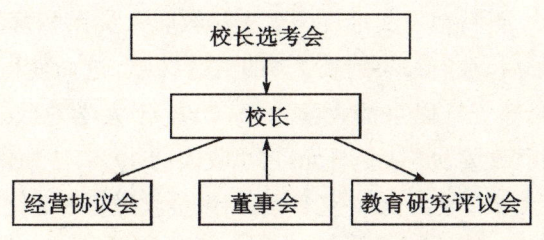

图3.2 改革之后日本国立大学内部管理机构

日本国立大学法人化改革提高了大学管理效率，形成了新的治理结构。经过国立大学法人化改革，国立大学从政府机构序列中分离出来，获得了独立法人资格。政府不再直接管理大学，而是通过中期目标对大学实行间接管理，政府角色实现了从"划船"到"掌舵"的转变。法人化改革之后，教授会权力受到削弱，院校权力增强，大学能够更为有力地进行决策和管理。应该指出的是，法人化改革之后，大学还要受制于其他利益相关者。《国立大学法人法》第十四条规定，"校长或文部科学大臣在各自任命理事或监事的时候，在所任命的人员范围内，必须包括国立大学法人以外的人士。"校外人士进入大学理事会或监事会，也就意味着大学不能忽视校外人士的诉求。此外，负责遴选校长的校长考选会要由校内外人士共同组成，因此校外人士的价值偏好渗透进校长考选会。从这两方面来看，法人化改革推进了日本国立大学的治理模式变革。

日本国立大学法人化改革使大学与社会结合得更加紧密。一直以来，日本国立大学不为经费发愁，且强调大学自治，因此日本大学与工业界的合作并不紧密。多尔和沙可指出："大学和工业的关系比在英国还远得多。无偏见的学术的堡垒不应该被生活在利润动机的世界的人所腐蚀。这种情感非常强烈，在公立大学体现在极大地限制专业咨询或接受科研合同。"[①]国立大学教职员工具有公务员身份，这也限制了大学教师在私营部门兼职，为此，日本政府在2000年特地发文准许国立大学教职人员在私营部门兼职。法人化改革后，政府每年削减1%的财政拨款，进而使得大学不得不面向社会筹资。以京都大学为例，2004年大学总收入1312亿日元，其中财政拨款641亿日元，占总收入的49%；法人化改革之后的第四年，大学总收入1505亿日元，财政拨款降至609亿日元，占总

---

① 〔美〕伯顿·R·克拉克.探究的场所[M].王承绪，译.杭州:浙江教育出版社，2001:207.

收入的40%,其中外部收入的比例从25%上升到32%。通过削减财政拨款,也达到了引入市场机制的目的。因此,日本高等教育学者评论道:"法人化的目的就是使国立大学成为'学术经营体'。"①

第二节 新自由主义背景下大学制度变革的特征

世界各国在政治形态、经济发展水平、社会文化传统等方面有着显著差别,但受新自由主义思潮影响,各国在大学制度变革方面却有着很大的相似性。在新自由主义看来,只有解除政府管制,扩大大学自主权,引入市场机制,才能使大学积极回应市场需要,增强大学的社会责任,提高大学运行效率。第二次世界大战以来,民族国家出于增强科技实力的目的,加大了高等教育财政资助力度;从世界范围来看,来自政府的财政拨款成为大学办学经费的主要来源。经费是高校得以维持和发展的物质基础,随着高等教育规模不断扩大,大学经费不足成为一个世界性的难题。依靠政府的单一财政资助难以使大学维持日益庞大的办学规模,尤其是当政府遭遇财政危机时,来自政府的经费更是捉襟见肘。当政府采纳新自由主义政策建议后,削减高等教育财政拨款成为大学面临的现实问题。而经费投入方式与管理方式是紧密联系在一起的,这成为大学制度变革的首要推动力。

20世纪,世界高等教育经历了两次浪潮。第一次浪潮的主题是扩大高等教育入学机会,这使很多国家迅速迈入高等教育大众化阶段,但对高等教育的内部结构影响甚微,尤其是那些精英院校"仍旧是它们要做什么就做什么,要用什么方法就用什么

---

① 〔日〕天野郁夫.国立大学法人化——现状与客体[C].广岛:中日高等教育研讨会议,2005.

方法"①。第二次浪潮则始于20世纪80年代,其主题是提高大学绩效。这次变革强烈地冲击了大学,对大学制度产生了实质性影响。从大学与社会的关系来看,以提高绩效为目的的大学制度变革与新自由主义的社会环境存在高度一致性。基于世界各国大学变革的实践,可以发现在大学制度的价值层面、规范层面和组织层面都体现出新自由主义的特点。

一、制度价值层面

作为一种意识形态,新自由主义具有强烈的渗透力。在政府削减大学财政拨款的经济压力下,大学不得不转变思想以应对财政困境,这为新自由主义重塑大学制度价值留下了空间。大学制度价值层面的变化具体表现为管理理念的变化和价值信念的变化。

(一)管理理念的变化

新自由主义主张放松政府管制,扩大大学自主权,引入市场机制,提高大学效率。在此政策建议影响下,大学管理理念随之发生了相应变化。

政府与大学之间的关系从以信任为基础转为以契约为基础。改革之前,政府虽然承担着大学的大部分办学经费,但政府与大学之间的权责界限并不清晰。当政府接受新自由主义政策建议后,政府采纳委托代理的契约管理方式,明确界定两者的权责范围,大学在获得政府财政拨款的同时,必须以满足政府的条件作为代价。政府的角色从资源的提供者变为服务的购买者,政府与大学的关系演化为市场上的交易关系。例如,日本国立大学法人化改革之后,大学每六年就要接受一次第三方评估,通过评估来衡量大学是否完成了当时双方约定的目标,而目标达成的好坏则直接关系着

---

① 〔美〕克拉克·克尔.高等教育不能回避历史[M].王承绪,译.杭州:浙江教育出版社,2001:56.

下一个契约期拨款的多寡。

管理的目标导向从学术本位向效率本位转变。大学是一个学术组织,以追求真理为使命,在追求真理的过程中大学基本上不考虑成本收益等问题。而在新自由主义改革的压力下,面对提高效率的诉求,大学不得不算计知识生产的效益问题。受经济理性驱动,大学逐渐接受了成本控制的观念,这使大学的经济效益有了显著改善。特别是在研究型大学中,解决企业生产、研发难题的科研经费迅速上升,而学者们出于"闲逸好奇"所提出的研究课题却鲜能获得资助。大学中与社会生产生活结合紧密的学科更容易得到院校的经费拨款,而文史哲等学科由于社会需求小,不能带来短期的经济效益,因此这些学科面临着萎缩的危险。

大学管理从"生产者中心"向"消费者中心"转变。传统大学的话语权控制在专业人士手中,大学几乎不考虑社会需求,大学知识生产按照自身的逻辑展开,知识的需求方对大学的影响力甚微。然而在政府财政拨款减少的压力下,大学必须通过竞争来获取社会资源,这要求大学从"以生产者中心"向"以消费者为中心"转变。英国大学历来较少参与社会事务,表现出极为保守的一面。可是,当撒切尔夫人采取大幅削减高等教育财政拨款的强势政策后,大学不屑与企业合作的态度发生了改观,很多大学开始利用自身的知识优势来建立科技园、推行产学合作、提供技术咨询,华威大学就是英国大学产学结合方面表现最为突出的大学之一。另外,在撒切尔夫人执政期间,英国政府还通过了一系列政策来鼓励大学与工业界建立合作关系,例如,1986年的一项政策提出,如果大学能从工业界获得科研课题,政府将拨给大学一笔等额经费。在政府的推拉之下,英国大学彻底接受了"消费者导向"。

大学管理监督方式从内部评议向社会问责转变。在传统的学院制管理模式之下,教授治校是大学的通行管理方式,大学事务由专业同行来决策和评价。在新自由主义改革后,随着大学从"生产者中心"转为"消费者中心","消费者"获得了大学管理话语权的主导地位,因此社会问责被引入到大学之中。不管是在美国还是在日本,现代大学都要对社会问责作出积极回应,否则就面临严重的信任危机。

上述这些变化表明,新自由主义的管理理念已经改造了学术本位的大学管理理念。奥尔森和皮特斯在比较传统的学术体制和新自由主义影响下的学术体制后指出,新自由主义的学术体制用委托代理关系取代了政府与大学之间的信任关系,使学者受制于政府和市场,缩小了学者的学术自由空间,而出于生存的压力,学者必须重新思考学术的价值。① 尽管奥尔森和皮特斯的研究带有更多的批判色彩,事实上也佐证了大学管理理念已悄然发生变化。

(二)价值信念的变化

在新自由主义改革的冲击下,大学管理理念最先发生变化,并且其影响逐渐渗透到大学的价值信念之中,造成大学制度价值层面的深层变迁。

人们对大学理念历来持有不同看法,但都信奉知识价值无涉的信念。譬如在纽曼看来,大学是一个传授普遍知识的场所,大学教育以培养人的理性为目的,大学的任务在于传播和推广知识。纽曼还认为,传授普遍知识是大学的本质所在,它具有相对的独立性,不屈从于任何事物,包括教会。在柏林大学的创始人洪堡看来,大学是一个探究知识的场所,师生分别享有教的自由和学的自由,以科学而达致修养是教育的最终目的。尽管洪堡的大学理念与纽曼极为不同,一个侧重于知识传承,一个侧重于知识探究,但他们都重视知识的理性价值。弗莱克斯纳后来指出,现代大学与

---

① Olssen, M. & Peters, M. A. Neoliberalism, Higher Education and the Knowledge Economy: From the Free Market to Knowledge Capitalism. Journal of Education Policy, 20(3): 313-345.

传统大学的区别在于,传统大学以保存传递知识为主,而现代大学以探索发展知识、传播应用知识为主。虽然各种大学价值观之间存有分歧,但毫无疑问的是,在新自由主义改革之前,大学是一个以高深知识作为自己的工作对象,致力于知识传播与探究的学者共同体。正如洪堡所说,追求最高形式的纯粹知识是大学的使命,实用性是其次的。马克斯·韦伯从学术活动性质的角度分析后也指出,学术人员应奉行"价值无涉"的基本准则,价值无涉表明大学的合法性在于知识本身,而不是外在要求。在这一点上,大学对待知识的态度和默顿的科学原则是相通的。

后来,无"功利性"的纯粹知识成为人类改造客观世界、进行社会变革的工具。尤其是当大学面临财政困境的时候,知识的功利性价值更加彰显,学术人员对知识的价值信念发生改变。斯劳特和莱斯利的研究表明,卷入学术资本主义的专业人员,开始从利他主义和公共服务的价值观转向市场的价值观,尽管她们指出这不是简单地用逐利主义取代利他主义。因为,教学科研人员认为,为利润创造知识与他们承诺的利他主义和公共服务并不矛盾,相反,他们把市场看成将他们的发现传播到社会的一种机制。① 据此不难看出,大学学术人员从信奉默顿原则的专业主义转向具有企业家精神的专业主义。

在新自由主义影响下,大学学术人员的价值信念从信奉默顿原则的专业主义转向具有企业家精神的专业主义,这与时代背景有着不可分割的联系。法国经济学家萨伊最早创造了"企业家"这个词,他认为把经济资源从生产率和产出较低的地方转移到较高的地方的人就是企业家,换言之,企业家能提高生产率和实效。美国公共管理研究专家戴维·奥斯本和特德·盖布勒认为,企业家

---

① 〔美〕希拉·斯劳特,拉里·莱斯利. 学术资本主义:政治、政策和创业型大学[M]. 梁骁,黎丽,译. 北京:北京大学出版社,2008:171.

既适用于私营部门,也适用于公营部门和第三部门。有胆有识的督学和校长用新的方式来使用资源,创造最大限度的生产率和实效。我们说的企业家式的模式,指的是习惯性地这般行事的公营部门的机构,不断地以新的方式运用其资源来提高其效率和效能。[①] 因此,在遭遇新自由主义改革的时候,大学学术人员价值理念转变的问题已不再关乎学术人员的道德高低,正如艾兹科维茨在谈论产学研结合的时候所感叹的那样,"问题已超出了要不要服从默顿法则的界限"[②]。

从目前的情况来看,那些具有企业家精神的大学不仅成功地走出了财政困难的迷局,而且还表现出良好的发展态势。这类大学现在被称为前摄型大学(proactive university)、创新型大学(innovative university)和创业型大学(entrepreneurail university)。尽管它们有着不同的名称,但表达的都是同一个意思,即在新自由主义市场化改革的环境中,它们改变了传统的学术价值信念,表现出了企业家的冒险精神。联合国教科文组织对这类大学给予了充分肯定,认为它们既保持了追求普遍真理的学术立场,又使大学能更好地适应当前和今后人类可持续发展的需要。

二、制度规范层面

引入市场机制是新自由主义改革的基本立场。市场机制是一种制度规范,在大学遭遇了市场后,市场机制也被嵌入到大学制度之中。伯顿·R·克拉克分析提出了国家、学术、市场的"三角协调模式"。例如,前苏联大学处于靠近国家权力的一端,意大利大学处于靠近学术权威的一端,而美国大学处于靠近市场的一端。

---

① 〔美〕戴维·奥斯本,特德·盖布勒.改革政府:企业精神如何改革着公营部门[M].上海市政协编译组,东方编译所,译.上海:上海译文出版社,1996:5-6.
② 〔美〕亨利·艾兹科维茨,劳埃特·雷德斯多夫.大学与全球知识经济[M].夏道源,等译.南昌:江西教育出版社,1999:19.

在经历了新自由主义改革后,可以明显地发现世界各国大学都向着市场一端迅速靠近。事实上,在高等教育的四种整合模式中,市场模式的协调作用越来越强,而官僚协调、政治协调、专业协调的作用在逐渐弱化和消退。

1997年,经济合作与发展组织(OECD)把"高等教育市场化"定义为:"把市场机制引入高等教育中,使高等教育运营至少具有如下显著的市场特征:竞争、选择、价格、分散决策、金钱刺激等。"莫家豪和罗浩俊在《市场化与大学治理模式变迁:香港与台湾比较研究》一文中归纳相关文献后,提出了教育市场化的八个特征与表现:①自负盈亏原则;②市场的兴起;③国家提供者角色减弱;④市场管理原则的采纳;⑤市场主导课程;⑥校院创收;⑦内部竞争;⑧强调效益。① 尽管对市场机制在大学管理中的表现有不同看法,但笔者认为,从资金的角度来分析大学制度层面的市场机制更有代表性。因为,世界各国的新自由主义改革首先就从削减大学财政拨款开始,资金的筹措是市场机制的重要表现之一,且资金来源的变化直接影响着管理方式的变化。有学者也认为,在高等教育领域中,市场机制简单而言即促使校际间通过竞争方式争取校外资源的机制。②

减少大学财政拨款是政府将市场机制引入大学的重要举措。例如,1979年撒切尔夫人上台后三天,大学预算就在一夜之间就被削减了1亿英镑;在1980~1984年,政府划拨给大学拨款委员会的经费又锐减了17%。③ 澳大利亚在高等教育财政领域也有类

---

① 翁福元.教育政策社会学:教育政策与当代社会思潮之对话[M].中国台北:五南图书出版公司,2007:338-340.

② Leslie Larry L, Slaughter Sheila. The development and current status of market mechanisms in United States postsecondary education. Higher Education Policy, 1997, 10(3/4): 239-252.

③ Shattock Michael. Thatcherism and British higher education: university and the enterprise culture[J]. Change, 1989(21): 31-39.

似的经历,与 1975~1976 年度相比,1997~1998 年度学生负担增长 126.8%,政府对高等教育的投资仅仅增长了 4.5%,其结果是政府投资于每个学生的经费降低 54.1%;在 1996~2001 年,澳大利亚大学从政府获得的资助平均降低了 25%。① 据 OECD 2006 年统计数据表明,来源于私立部门的经费占澳大利亚高等教育支出的比重达 52.4%,仅次于智利、韩国、日本和美国,排名全球第五位。② 20 世纪 90 年代以来,尽管各国的高等教育入学率迅速提高,但各国政府的高等教育财政支出却增长缓慢,不少国家甚至是负增长。从表 3-1 中可以看出,在 20 世纪的最后十几年中,世界范围内 40% 的国家的高等教育支出占国民生产总值的比例下降,其中转型国家最为突出,在 9 个转型国家中,有 7 个国家的教育支出比例下降。面对政府削减大学财政拨款的严酷局面,大学不得不转投市场,市场机制成为处理大学与社会关系的基本规范。

表 3-1　各地区教育支出占国民生产总值的变化情况(1990~2001 年)③

单位:个

类别	增加	减少	不变	总计
转型国家	1	7	1	9
发达国家	20	16	0	36
发展中国家	62	32	0	94
世界	83	55	1	139

---

① Marginson, S. Nation-building universities in a global environment: the case of Australia[J]. Higher Education,2002(43):409-428.

② OECD. Education at a glance 2009: OECD indicators[EB/OL]. (2010-02-11) [2010-04-08]. http://www.oecd.org/dataoecd/8/16/44760621.pdf. //何雪莲. 从英国"外省"到自我认同:澳大利亚大学校训研究[J]. 高等教育研究,2010(6):104-109.

③ 资料来源:全球大学创新联盟. 2006 年世界高等教育报告:大学的财政问题[M]. 杭州:浙江大学出版社,2007:4.

按照金子元久的解释,市场机制的基本含义是大学通过市场上服务的等价报酬的获得而自己获取资源的形态。① 以英国华威大学为例,比较其新自由主义改革之前 1979~1980 年度与改革 20 年之后 2000~2001 年度的数据,可以发现,政府拨款的比重从 60%下降到 27%,本国学生学费收入比重从 20%下降到 8%,海外学生学费比重从 2%上升到 7%,研究咨询收入占到 15%,其他收入从 3%增加到 43%。从这些数据可以看出,市场机制已经在大学经费筹措方面展示出了巨大作用。

市场机制的引入,改变了大学与政府之间的关系,使大学与政府的关系呈现出新态势。尽管来自政府的经费占大学总经费的比例在不断缩小,但其分配机制却已带有鲜明的市场特征。在传统的分配机制中,政府采用协商性预算、分类拨款、定额拨款等方式向大学提供经费;采纳新自由主义政策建议后,政府采用绩效合同、绩效保留拨款、竞争性拨款、按结果拨款等方式向大学提供经费,而这些方式无不带有显著的市场特征。传统分配机制与市场分配机制的差别如下(表 3-2)。

表 3-2 传统分配机制与市场分配机制之比较②

传统分配机制	市场分配机制
协商性预算:公共资金的分配由政府机构和高等院校协商确定	绩效合同:政府与各高等院校就共同的绩效目标达成管理协议
分类拨款:指定院校有资格获得用于设施、设备和项目的专项拨款	绩效保留拨款:保留一部分公共高等教育经费根据各种绩效指标下拨给各高等院校 竞争性拨款:各高等院校就基于同行评议的学校改进计划争取政府拨款

---

① 〔日〕金子元久.高等教育的市场化:通过国际比较来看日本[J].刘文君,译.教育与经济,2006(1):1-6.
② 全球大学创新联盟.2006 年世界高等教育报告:大学的财政问题[M].杭州:浙江大学出版社,2007:68.

(续表)

传统分配机制	市场分配机制
基于教师或学生人数的公式化拨款	按结果拨款:使用产出和结果指标确定全部或部分的公式化拨款,或根据特定领域或掌握特定技能的毕业生人数对高等院校进行拨款

市场机制不只是一种有效的筹资方式,更是一种隐性的管理制度。在新自由主义政策主导下,受政府削减大学财政拨款的影响,大学只能依靠市场,通过出卖服务来获取相应的资金。这种转向把大学嵌入到市场交易的格局之中,大学要获取对方所提供的经费就必须以满足对方的目标作为交换。虽然大学在新自由主义政策主导下获得了更多的自主权,但出于办学经费的压力,大学必须面向市场获取经费,实质上大学获得的自主权是自由参与市场交易的权利,在自由交易的过程中,大学自然会受到社会、政府的间接控制,并且这种控制更为隐蔽。所以正如林德布洛姆所指出的,市场机制进入大学后,"各种等级的、官僚的和政府的体制由权力关系产生,市场体制由简单的交换关系引起……交换不仅是改变事物所有权的方法,也是控制行为和组织人与人合作的方法。"①

三、制度组织层面

制度与组织是既有联系又有区别的两个概念,而制度的组织层面则是指制度对组织的架构设计。在大学制度价值、制度规范发生相应改变的情况下,大学制度的组织架构也表现出了新特点。

---

① 〔美〕伯顿·R·克拉克.高等教育系统[M].王承绪,等译.杭州:杭州大学出版社,1994:155.

(一)大学利益主体多元化

市场机制给大学带来的影响是多方面的,表现最为明显的是,"消费者"在大学管理中的话语权越来越大。尽管传统大学也向社会提供交易服务,但大学基本上是一个自治的小团体。而在新自由主义改革后,大学必须面向政府、企业、其他社会组织和个人来筹集经费,这为众多利益主体参与大学决策提供了合法性来源。

在大学利益主体多元化的情形下,让大学利益相关者参与大学治理是新自由主义改革的必然趋势。美国大学是最偏向市场一端的代表,不管是美国公立大学还是私立大学,其大学董事会成员主要是校外代表,他们来自政界、商界、校友及其他团体,这些人一般不干预大学管理事务,但负责大学办学方向和校长遴选。日本国立大学法人化改革后,严格规定了大学董事会成员的来源比例,尤其要确保有一定数量的工商界人士进入大学董事会。英国大学为促进大学与工商界之间的联系,成立了工业与高等教育委员会,以此来推动大学与工商界的合作,使大学重视工商界的诉求。不同利益主体参与大学决策管理,体现了新自由主义"消费者导向"的治理理念。

(二)大学从松散向集权变化

大学是一个松散结合的系统,分权是大学组织的常态,这种分权主要是指大学的学科与院校处于一种分散结合的联邦状态。在新自由主义改革影响下,政府放松了对大学的管制,大学获得了更大的自主权,然而这种分权却使大学组织呈现出一种集权的态势。因为大学获得的自主权实质上是一种自由参与市场竞争的自由权利,以大学承担自身财政责任为前提,而当处于应对大学财政困境的局面时,大学必然要加强院校层面的统筹,以提高决策效率,所以当政府向大学分权的时候,院校内部却呈现集权的趋势。伯顿·R·克拉克在总结创业型大学的组织特征时指出,一个强有力的驾驭中心是它们的共同特质,这从另一个侧面反映出大学有集权的趋势。

大学内部的行政权力得到加强,而学术权力受到削弱。"自相矛盾的是,校本管理与市场机制和基于能力的评估手段的结合或许正在造成官僚的、自上而下的控制越来越多,而不是减少。"①一个共同的趋势是,学术委员会的权力减弱,大学学术委员会在决定学术事务时更多地受到非学术性因素的干扰,特别是资金匮乏的困扰。在那些学术传统不强的国家,学术委员会的势力更为羸弱,难以代表学术人员的利益;即使在学术传统悠久的国家,学术委员会也不得不更多地从经济的角度考虑问题。华威大学是世界创业型大学的典范,有意思的是,华威大学将大学董事会和学术委员会结合起来组成学校的最高权力机构——战略委员会,由它来决定院校的重大事项。虽然这种结合提高了大学的决策效率,但也弱化了学术委员会的独立性。另外一个现象是,现代大学表现出这样一个趋势,即让少部分核心成员在院校的管理团队和学术委员会中兼职,以此来协调行政管理与学术管理的矛盾。

(三)大学校长权力增强

在传统观念看来,大学校长应该是学生的朋友,教职员工的同事,校友的可靠伙伴,明智稳健的管理者,能干的公众演说家,精明的谈判人,富有辩才的外交家……②虽然人们对校长寄予多种角色期望,但克尔强调指出,大学校长首先应是一个协调者,要协调大学内外不同群体的利益,促进大学进步与和平。

然而,在新自由主义改革背景下,大学校长面临的环境已不同

---

① 〔英〕杰夫·惠迪,萨莉·鲍尔,大卫·哈尔平.教育中的放权与择校:学校、政府和市场[M].马忠虎,译.北京:教育科学出版社,2003:73.
② 〔美〕克拉克·克尔.大学的功用[M].陈学飞,译.南昌:江西教育出版社,1993:19.

于20世纪60年代克尔发表演讲的时代。受大学资金匮乏之困,大学校长首先要具备从市场上获取资源的经营管理能力。"不要再把大学校长仅仅看成是传统的学术捍卫者、行政管理者、战略家。我们应该具有创造性的眼光,在这个中学后教育知识产业时代,把大学校长看成是创业家。"[①]只有大学校长具备创业家的品质,他才能带领大学应对这个多元而又复杂的环境。事实上,有人形容当今大学校长是大学的CEO,这是不无道理的,因为他既要协调大学的各方面事务,也要具备经营管理的才能。

校长角色的转变,实际上反映出大学校长权力增强的事实。当大学面对生存压力时候,必须要有一个强有力的核心来协调内部分歧,带领大学去应对多元的市场需求。从伯顿·R·克拉克所研究的五所颇有代表性的创业型大学的案例来看,它们以校长为首的行政管理团队有着极大的行政管理权力,负责对校内的行政与学术事务作出强有力的决策,且有着强势的执行力。大学校长权力增强,与大学组织的集权化趋势相一致,因为只有将以前属于学者团体共同决策的权力收归到以校长为首的行政团体手中,才能提高大学的管理效率。

(四)院系从学术单位蜕变为科层管理单位

伯顿·R·克拉克曾指出,学系、讲座或研究所既是学科的一部分,也是院校的一部分。一般说来,学系、讲座或研究所是最基层的学术单位,基本上不承担学术事务之外的管理职能。然而,在大学财政困境的压力之下,学系也面临着筹措资金的压力,学系等基层学术单位蜕变成科层管理中的基层单位。在学系等学术基层单位担负起筹措资金任务的时候,院校也放松了对学系的控制,将一些决策权交给学系等基层学术单位。例如,在院校的总体战略

[①] 〔美〕马文·皮德森.中学后教育知识产业时代的大学领导与院校研究[J].郭卉,等译.高等教育研究,2006(8):8-14.

规划中，学系等学术基层组织成了最小的责任实体，面临着院校的各种考评，而学系达成目标的好坏直接关系着学系能从院校获得拨款的多寡。因此，有系主任曾坦言："解除控制提供了破产的自由。"

为了适应环境压力，学系等基层学术单位进行了重新定位。许多学系为了争取企业界的科研经费，纷纷成立科研中心，成为企业的校外研发部门，这是大学里正在悄然发生的新变化。研究中心是使教学科研人员与外部市场发生联系的中介形式，这可能会改变传统的学科结构以及院校资源分配方式。"通过改变结构进行的改革改变了一个制度的根本基础，改变了决定计划和操作程序中体现的观点和权力的源泉。"① 大学组织结构的变化是大学制度变革得以实现的组织基础，它改变了"真正运转的下层基础"。

---

① 〔荷兰〕弗兰斯·F·范富格特.国际高等教育政策比较研究[M].王承绪，等译.杭州:浙江教育出版社,2001:47.

第四章　新自由主义背景下大学制度变革的价值冲突

克拉克·克尔指出,高等教育的历史是由内部逻辑和外部压力的对抗谱写的。① 在新自由主义改革的背景下,发达国家出于提高公共资源利用效率的目的,不同程度地削减大学财政拨款,放松对大学的管制,使大学获得了更多的自主权。在削减大学财政拨款的同时,这些国家把市场机制引入到高等教育领域,让大学通过竞争来获取外界资源,从而满足市场需求,提高大学运行绩效。应该肯定的是,新自由主义的改革措施在一定程度上实现了大学变革的最初目的,但不可否认的是,新自由主义改革也给大学带来了不容忽视的负面影响。究其原因在于新自由主义的价值取向与大学制度的价值取向之间旨趣各异,所以大学制度的变革过程也就难免产生各种问题。

第一节　大学制度变革的影响

20世纪80年代以来,在新自由主义改革思潮的影响下,世界各国高等教育发生了一系列变革,回应了新自由主义所要求的经济、效率和效能等诉求,使大学与经济社会发展更加紧密地结合起

---

① 〔美〕克拉克·克尔.高等教育不能回避历史[M].王承绪,译.杭州:浙江教育出版社,2001:2.

来。然而,作为学术组织的大学,有其自身的特殊性,企图仅仅凭借经济学理论来分析教育现象,解决教育问题,则是对教育学的僭越。[①] 所以,无视教育特殊性的新自由主义也给大学制度变革带来了负面影响。

一、大学制度变革的正面影响

新自由主义注重发挥市场的作用,通过竞争来达到资源有效配置的目的。在其影响下,通过变革大学制度,大学逐渐形成了资源分配的市场机制,进而提高了大学管理效率,并且与经济社会的发展更加紧密地结合起来。

(一)市场机制被嵌入到大学制度中

新自由主义的代表人物米尔顿·弗里德曼认为,市场可以促使大学有效地运行。在新自由主义理论的影响下,大学被嵌入市场的框架中,形成了市场主导的资源分配机制。尽管大学被公认为社会公共部门,但是市场机制引入大学,确实给大学带来了巨大的变化。一种市场化的过程,它可能会使非市场部分沿着更有效和更为社会所需要的途径来提高适应力和革新力。[②]

首先,政府从资源的提供者变为服务的购买者。新自由主义模式支持者认为只要政府给高校提供高额资助,高校就不会对市场的真正需求作出反应,个人和国家就会继续作出不适宜的无效率的决定。[③] 因此,政府需要转变以往的财政拨款方式,采取委托代理的形式,即在向大学提供拨款的同时要求大学满足政府的附

[①] 罗建河.试论经济理论在教育中运用的局限性[J].上海教育科研,2002(11):30-33.

[②] 〔美〕查尔斯·沃尔夫.市场或政府——权衡两种不完善的选择[M].谢旭,译.北京:中国发展出版社,1994:147.

[③] 〔澳〕伊丽莎白·圣·乔治.知识经济时期的高等教育定位[J].张雪莲,译.国际高等教育研究,2007(1):15-24.

件条件作为获得拨款的代价。政府采用公开招标的形式向高校购买教育服务,并将所购买的教育服务提供给社会公众。这就使大学与政府之间构建起一种新型关系——政府依据与大学签订的合同来管理大学,而不是采取强制性的行政命令。这样不仅使政府从管理大学的具体事务中解放出来,而且也使大学获得了更大的自主权。市场机制引入到政府对大学的管理中,迫使大学只有通过竞争来获取资源,进而提高资源使用效率。"高等教育在20世纪80年代以后的转变反映了新自由主义和新公共管理的'大市场和小而能国家'理念,也就是由国家来协助市场顺利运作的市场化趋势。"①

其次,大学通过市场手段从社会获取资源。一直以来,大学都没有从市场中谋求社会资源的意识。在新自由主义改革思路的主导下,政府通过削减大学财政拨款,迫使大学面向社会来获取财政拨款的不足部分。例如,英国、日本等国政府就分别采取了削减政府预算的方式来迫使大学接受市场手段,撒切尔夫人上台后大学经费平均被削减了17%,日本在推行国立大学法人化改革的过程中计划每年削减政府拨款1%。在政府财政拨款减少的情况下,大学就必须面向市场需求,通过与企业的科研合作、职业培训等方式来获取部分经费;通过向学生收取学杂费来分担部分教育成本。要从社会中获取资源,大学之间就必然会展开激烈竞争,市场法则也就为大学所接受。市场竞争成为良好的管理办法、健康的经济条件和更好的教育机遇。② 政府削减大学财政拨款,带来的直接影响是大学遭遇了经费紧缺的难题,而更深远的意义是大学必须接受市场法则。

---

① 戴晓霞,莫家豪,谢安邦.高等教育市场化[M].北京:北京大学出版社,2004:23.

② 〔荷兰〕弗兰斯·F·范富格特.国际高等教育政策比较研究[M].王承绪,等译.杭州:浙江教育出版社,2001:408.

再次,市场机制深入大学内部制度。内部制度在外部制度的背景下发挥影响和作用,在一定条件下,内部制度的设计与建设受到外部制度的约束。① 市场对大学的影响不只表现为政府角色的转换和大学采用市场手段来获取资源,而且还表现为市场的机制影响到大学内部制度。譬如,学生评教制度实际上体现了"消费者"导向,学生作为教育服务的消费者,对教育服务作出评价,这不同于以往大学内部专业人士评价教学的方式,这是市场机制在教育关系中的表现。在大学科研活动中,具有实用价值的科研项目容易获得资金资助,而基础性科研选题就难以获得外界资助。在学科发展上,社会需求大的学科专业就会得到优先发展。并且为了衡量大学的教学、科研绩效,现在有人采用投入产出比来评价大学绩效。近年来出现的一批创业型大学,实际上就是市场机制与大学制度结合较好的一类大学,它们在市场的激励下敢于突破传统的束缚,表现出了积极进取精神。正如伯顿·R·克拉克所指出的:"在几种主要的结构类型中,市场形式似乎具有最强的应变能力。……它是最有可能使教育体制接受变化、适应环境的新需求的一种形式。"②

(二)提高了大学的管理效率

市场环境里,生产者面临着提高管理效率的压力。在新自由主义者看来,大学是个缺乏效率的组织,只有自由竞争的组织才是最有效率的组织,因此政府要解除对大学的管制,让大学向企业学习。主张每类组织都具有自己特殊性的观点是站不住脚的,认为不同组织需要有自己特定的解决方法的观点也是充满矛盾

---

① 别敦荣. 我国现代大学制度探析[J]. 江苏高教,2004(3):1-3.
② 〔美〕伯顿·R·克拉克. 高等教育系统[M]. 王承绪,等译. 杭州:杭州大学出版社,1994:227-228.

的。① 从各国大学制度变革的情况来看,大学采用新的管理形式,改革以往的学术组织机构,强化大学校长的管理职能,以此来达到提高管理效率的目的。

首先,采用了新的管理形式。"由于大学传统上以学术为主的经营方式,已逐渐无法适应环境变迁所带来的各种挑战,因此许多大学经营者开始引进企业管理理念。其主要目的在于,通过企业多元理财、成本效益、管理效率、绩效指标、绩效责任、质量保证,以及管理规划等观点的强调,进而提升学校的经营绩效。"②伯恩鲍姆在研究高等教育管理时尚的基础上指出,第二次世界大战之后流行于高等教育管理界的七个管理时尚,都来自于大学之外。规划—设计—预算法、目标管理、零基预算,是先从企业传到政府部门,再进入高等教育领域的;而战略管理、标杆管理、全面质量管理、企业流程再造,则直接来源于企业管理,这些管理方式是企业在适应环境要求的压力下所进行的管理创新。而当大学面临提高效率的压力之时,大学也迅速地接受了这些管理方式,以至于有批评者指出,当今很难找到一所免受企业管理方式的大学。

其次,调整学术组织机构职能。在伯顿·R·克拉克对国际高等教育系统的经典分析中,他指出高等教育是由学科和院校构成的矩阵组织,学科和院校的联系方式会聚在基层操作单位,例如,学系、讲座、研究所既是学科的一部分,也是院校的一部分。在传统大学中,学术管理的重心处于底层,即学术事务一般由学系、讲座、研究所等学术基层组织处理。然而,出于提高大学管理效率的压力,现代大学普遍加强了院校领导组织的职能。英国大学具有自治的传统,受新自由主义影响,大学组织也随之发生了变化。

---

① Haag. D. The Right to Education: What Kind of Management? [R]. UNESCO, Paris, 1982:33.

② 江庆.英国高等教育财政模式及其改革趋势[J].外国教育研究,2004(4):32-35.

例如,英国华威大学将理事会和评议会共同组成战略指导委员会,使之在学校整体运营中发挥核心指导作用。这个战略委员会把大学财务、学术、规划等职能集中在一起,制定全校的宏观战略和重大方针。这个组织首要决定的是,有多少经费可供使用,在学术方面发展什么或不发展什么。这种"集权"管理方式比英国传统的"分权"模式具有更高的效率,因此要想更有效率,就应像企业那样,采用良好的企业组织形式。

再次,大学校长成为了一个职业管理者。"在全球化时代,大学校长不能仅仅是一个学者或者教育领导者,还必须是一个优秀的管理者,校长以及教务长应当是大学的 CEO,他们必须能够根据社会的需求有效地管理教学和研究。"[①]前加州大学伯克利分校校长田长霖说,大学校长有两大任务,一是筹钱,二是挖人。在市场环境中,校长的职能更突出地集中到如何保障办学经费,如何吸引到优秀人才这两件关系学校发展的核心事务上,因此有人把现代大学校长比作大学的 CEO 是不无道理的。美国学者艾伦·内文斯指出,大学发展的最大困难不在于找教师,而在于找行政管理专家。在新自由主义改革背景下,大学校长不再是一个大学多方利益的协调者,而是一个强有力的行政管理者。

(三)加强了大学与经济社会之间的关系

新自由主义改革措施使大学与经济社会之间的联系更加紧密。"政府财政拨款的有限性则使大学不得不将注意力转向社会,直接向社会寻求支持,大学与社会就这样历史地结合在一起了。"[②]大学为了从社会中获取资源,相当重视增进与社会之间的合作关系。大学吸收不同利益相关者参与到大学管理中,赋予他

---

① Miyoshi, M. The University and the "Global" Economy: The Case of the United States and Japan. The South Atlantic Quartly, 99:4, Fall 2000:669-697.
② 别敦荣. 我国大学学术管理改革探析[J]. 清华大学教育研究,1999(3):74-80.

们管理大学的话语权。例如，英国在将"大学拨款委员会"改组为"大学基金会"之后，就吸收了相当比例的工商界人士。大学打破传统的学科封闭结构，积极构建产学战略关系，通过专利转让、技术咨询、创办科学园等方式来推动科技与经济发展。从目前大学制度变革的实际情况来看，大学已经从一个封闭的系统转变为一个与社会环境积极互动的开放系统。

当然，大学与经济社会的紧密关系是在政府政策的推动下进行的。从工业革命时代起，英国大学基本上游离于科技发展之外，直到20世纪英国大学都较少参与经济社会发展事务。然而，在政府的新自由主义改革举措下，英国大学发生了根本性变化。1985年英国发表《20世纪90年代英国高等教育的发展》的绿皮书，提出要加强高校与产业界的联系；1987年出版的《高等教育——应对新的挑战》的白皮书，再次强调要有效地服务工商界，并且将之列为20世纪最后10年高教改革的目标之一。在1991年发布的《高等教育的框架》白皮书中，政府提出要促进企业参与高等教育，培养有知识技能、富有创业精神的毕业生。为促使大学与工商界之间有实质性的融合，撒切尔夫人在1986年提出了一项总值4.2亿英镑的新计划用于资助校企合作，如果大学得到工业界资助的研究项目，政府将拨给大学等量的科研经费。

"如今的大学已成为经济发展和国家生存绝对不可缺少的事物。"[①]其他国家也采取类似的措施来支持大学与工商界建立联系。澳大利亚前教育部长道金斯在20世纪80年代制定了面向产业研究的优先项目政策，鼓励澳大利亚大学发展技术园区，建立技术中心和研究中心。这使得以往花在教授们由好奇心驱使的研究上的大量经费，重新指向产业目标，以提高澳大利亚的竞争力。

---

① 〔英〕阿什比.科技发达时代的大学教育[M].滕大春，等译.北京：人民教育出版社，1983：12.

二、大学制度变革的负面影响

市场是一柄双刃剑。新自由主义所倡导的市场逻辑贯穿大学改革之中,它在提高大学管理效率的同时,也产生了一些与大学学术使命相违背的负面影响。

(一)知识商品化

大学是一个传承和创新知识的场所,以追求真理为自身使命。在新自由主义看来,知识除了具有公益性的一面,而且还具有私利性的一面。在新自由主义改革推动下,市场原则从经济领域蔓延到社会领域,在政府的主导下市场规则也渗透到大学中。此外,社会也处于向知识经济社会过渡与转型的进程中,"知识生产模式2"也反映了大学知识生产模式的变迁。具体而言,知识商品化主要表现为日益提高的学费和科研生产的商品化。

市场机制使大学采纳了高等教育成本分担的原则,学费成为大学知识商品化的突出表现。财政经费的缩减迫使大学重视经费来源的多元化,向学生收取学费成为各国大学普遍采用的方法之一。1975年,美国政府提供的奖学金占学生资助的80%,而到1988年则下降为49%。美国20世纪80年代大学学费的年均增长率接近10%,远高于年均4%的通货膨胀率。然而,美国政府向学生提供奖学金资助的比例不断下降,可是贷款金额的比例却不断上升。一向少收学费的英国大学也提高了大学学费,并且在1988年的教育白皮书中提出要改革奖学金制度,实现贷款制度。矢野真和的调查表明,1975年以后,日本大学学费的上涨速度超过家庭收入增长速度,是财力而不是学习能力决定升学,这导致日本的高等教育毛入学率长期徘徊在50%左右。因此,在知识商品化的情况下,大学全入时代的论调是没有根据的判断。在新自由主义的背景下,政府应该采取措施控制学费上涨幅度,使学费维持在公众能够承受的范围内,以保障高深知识的公益性。

市场机制使大学在知识生产过程中重视知识的实用价值,进而通过转让知识来获取资金。当大学面临办学经费不足的时候,从市场中谋取资源成为大学的重要任务。技术转化、商业推广、政策咨询等成为推动大学研究的主要动力。大学参与这些活动既增强了大学与社会的联系,也使大学成为推动社会知识进步的重要力量。在这样的背景下,实用价值高的的知识无疑会获得更大的发展,社会投资者也更愿意对其投资,因此科研的目的就必须与资金提供者的目的相一致。但易导致学校的科学研究方向被政府和企业的片面需求所主导,学校的传统及科学基础研究方向遭到削弱。① 而基础研究的长期性和不确定性使得相应学科难以从社会中获得其发展所需的资金,在急功近利的环境下,这些基础学科的知识难以立即转变为现实的生产力,进而导致这些学科处境艰难。而那些应用性的学科或专业,就俨然变成知识的兜售者,知识商品化使大学内部的科研模式、内部拨款模式、社会服务模式都发生了变化。

(二)大学管理企业化

在步入高等教育大众化时代之后,由于大学规模扩大,大学管理也逐渐变得复杂起来。在新自由主义看来,公共部门的管理是低效的,为此要仿效企业管理方式以取代低效的学院式管理。随着新自由主义改革的推进,要求大学采用企业管理方式,注重管理效率的诉求成为主导大学管理改革的基本思路。近年来,高等教育管理中的"管理主义"便是新自由主义影响大学管理变革的集中表现。

"管理主义"使大学从道德目的向效率目的转变。大学要提高

---

① 邝泽倩.追求责任心的声誉[J].北京大学教育评论,2004(1):32-37.

知识生产效率,首先就要设定清晰的目标,制定严格的程序,规范运行过程,这样才能使组织有序、高效地运转。史密斯和韦伯斯特在分析了众多的大学使命陈述后指出,那些被广泛吹捧的"大学使命陈述"都是陈词滥调,都是急功近利、利己主义和泛泛而谈,几乎所有的"大学使命陈述"都可视为"市场营销陈述书",其目的仅仅是确保大学在与政府的直接谈判中尽可能占据有利地位。[①] 科勒在《学术战略》一书中也指出,大学管理合理性的确立,使大学失去了以道德为目的的管理意识。例如,英国的大学出现了生产线管理人员,负责将战略规划分解为行为标准,让任务明确到各部门、甚至个人。在这种管理主义的压力下,英国大学废除了大学教师终身聘任制,并且采用新的评价体系来测评大学的科研实力。学者多米尼利和胡格维尔特形象地将当前的大学管理称为"学术泰勒主义"。虽然泰勒主义说的是规模化生产,但是由于服务的扩大和教授自治权利的消除,它可以用来描述新的知识生产。在大学的管理实践中泰勒主义的主要特征表现得越来越明显:任务的划分,全面管理控制和为整个过程的每一步骤作系统的成本核算。[②]

大学管理主义使大学从学者共同体、知识共同体变为大学企业体、知识经营体。有人认为,管理主义"既被看作是解决困扰大学发展的财政问题、效率问题、适应社会需求不佳等诸多问题的良药,又被认为是侵害大学学术自由、学术自治等大学传统的毒草。"[③]在经济理性主义哲学的指导下,大学采用企业的管理方式来处理大学管理问题,固然使繁杂、无序的大学管理得以简化,但

---

① 〔英〕安东尼·史密斯,弗兰克·韦伯斯特.后现代大学来临?[M].侯定凯,赵叶珠,译.北京:北京大学出版社,2010:13.

② 〔英〕杰勒德·德兰迪.知识社会中的大学[M].黄建如,译.北京:北京大学出版社,2010:131.

③ 孙贵聪.西方高等教育中的管理主义述评[J].比较教育研究,2003(10):67-71.

其所采用的衡量标准是浅显的,不能反映出教育的复杂性,尤其是管理主义会使人们忽视教育过程中的精神价值,如批判精神、学术自治、人性关怀等。管理主义将使大学所肩负的社会责任蜕化为资金投入者提供回报的企业化组织。

(三)大学精神面临沦丧的危险

经济学家的观点和以市场为导向的管理方式占据着大学制度变革的支配地位。大学是一个学术组织,把学校当生产组织来对待,必将扭曲教育是公共产品的本质。美国学者伯恩鲍姆指出,人们为什么相信高等教育,就是因为教育的目的是为了民主、社会正义、所有的人以及文明的永存,而我们现在却认为教育是经济的引擎。

市场虽然能够及时地对社会需求作出回应,但它缺少长远的终极目标,因此不能以市场的目标来代替教育的目标。高等教育具有批判社会、关心人类精神发展的功能,如果单纯地以市场目标作为衡量大学办学效率的唯一指标,那将给大学带来灾难,最终也会损害社会的健康发展。"由对高等教育的不断增长的需求驱动的和由技术放开的市场力量非常强大。但是,如果允许它们支配和重组高等教育产业,那么我们会发现自己正面临着一个全新的世界,在这个世界里,大学最重要的价值和传统都丢在一边。"①实际上,市场已经侵入到大学的内部运行中,已经对大学的研究导向、学科发展以及大学资助模式等产生了影响。从有利的方面来看,市场使大学与社会结合地更加紧密,而从另外一面来看,市场限制了大学参与社会公共事务,使大学囿于"有用"的事情上面,而不再或较少关注"无用"的事情。哈佛大学前校长陆登庭在北京大学百年校庆上指出:"大学固然应当为经济发展作出贡献,大学教

---

① 〔美〕詹姆斯·杜德斯达,弗瑞斯·沃马克.美国公立大学的未来[M].刘济良,译.北京:北京大学出版社,2006:81.

育也应当帮助学生从事有益并令人满意的工作。然而,对于一种最好的教育来说,还存在无法用美元和人民币来衡量的最重要的方面。最佳教育不仅应有助于我们在专业领域内更具有创造性,它还应该使我们更善于深思熟虑,更有追求的理想和洞察力,成为更完善、更成熟的个人。"①

高等教育市场化损害了大学作为道德领袖的责任。在新自由主义影响下,大学会放弃一直以来所奉行的客观、中立、无功利等立场,而转向迎合外在需求。特别是在这个日益市场化、功利化的情形下,大学有必要赢得道德领袖的权力。②哈佛学院前院长里维斯说:"哈佛大学有一个古老的使命,就是保存文化素养,拥有一个古老的传统,即大学工作的一部分是培养和发展良好的品行,包括诚实、真诚、同情、自我牺牲、关注社会福利而不仅是个人成功。"③特别是当市场重视知识的使用价值、短期利益的时候,如果知识对个体而言只是赢得训练技能的场所,这绝对是对大学价值的贬抑。大学应该是一个培育价值观、理性的机构,否则大学将异化为"知识工厂",而不再是培育理性的地方。

第二节 "市场"与知识的价值冲突

大学是一个学术生产组织,以传播知识、创造知识、转移知识为使命。大学制度是维系大学存在与发展的规范体系,因此维系知识生产无疑是大学制度的内在逻辑。在新自由主义者看来,知

---

① 〔美〕内尔·鲁汀斯特 1998 年在北京大学的演讲//恩雅. 世界名校精英榜[M]. 北京:中国国际广播出版社,2002:102.
② 世界银行,联合国教科文组织高等教育与社会特别工作组. 发展中国家的高等教育:危机与出路[M]. 蒋凯. 北京:教育科学出版社,2001:37.
③ 〔美〕哈里·李维斯. 21 世纪的挑战:大学的使命、通识教育与师资的选择[J]. 教育发展研究,2007(3A):1-7.

识兼具公益性和私利性。而知识的私利性正是"市场"之所以可能的根基,当两种不相兼容的属性集于一身的时候,新自由主义所推崇的"市场"与大学的逻辑起点"知识"之间也就必然会出现冲突。正如威廉姆与布莱克斯通评论英国高等教育的时候所描述的那样,有两条绳索缠绕在高等教育网络中,一是学术之绳,一是功利之绳。①

一、价值主体的冲突

"市场"与知识的价值冲突首先表现为价值主体的冲突。根据价值冲突方面的研究,可以把价值主体的冲突分为价值主体之间的冲突与价值主体内部的冲突。

从价值主体之间的冲突来看,"市场"的价值主体——政府、社会等外部利益相关者,与知识的价值主体——大学之间存在着冲突。在新自由主义出现后,市场理念受到了诸多国家的恩宠和青睐,不管最富裕的西欧各国或最贫穷的非洲国家是否考虑进行行政变革,人们普遍假设提高政府组织效率的最佳甚至唯一的方法是用某种建立在市场基础上的机制代替传统的官僚体制。② 在遭遇了 20 世纪 70 年代的全球性经济滞涨之后,西方政府采纳了新自由主义的改革措施,要求公共部门采取市场手段来提高运行效率。在政府削减大学财政拨款的政策背景下,大学不得不面对来自外部的变革压力。然而,大学是学术组织,以培养高级人才、探究高深学问为目的,学术性和教育性是大学组织与其他社会组织的根本区别。一直以来,大学都不为外界功利所纷扰。随着社会

---

① G. Williams, T. Blackstone. Blurred Binary Line to Restrained Pluralism [M]. // In Response to Adversity: Higher Education in a Harsh Climate SRHE Leverhulme, Guildford, Surrey: SRHE, 1983: 111.

② 〔美〕B. 盖伊·彼得斯. 政府未来的治理模式[M]. 吴爱明,等译. 北京:中国人民大学出版社,2001:25.

科技迅猛发展,大学的功能日渐增多,知识的经济价值日益彰显,使得知识具有了市场的价值。以知识作为逻辑起点的大学与市场既有互惠互利的一面,也有冲突矛盾的一面。哈罗德·珀金曾指出:"就大学为了追求和传播知识需要自由而言,当种种控制力量软弱分散时,大学知识之花就开得绚丽多彩;就大学需要资源维持办学,并因此依赖富强、强大的教会、国家或市场支持而言,当种种控制力量强大时,大学在物质上就显得繁荣昌盛,但是这种力量可能——也的确常常——以各种有害于教学和研究自由的方式实行控制。因此便出现了这种奇观现象:当大学最自由时却缺乏资源,当它拥有最多资源时则最不自由。"①

从价值主体内部的冲突来看,大学"本我"层面的价值与社会层面的价值之间存在冲突。价值主体的"本我"层面是价值主体存在和发展的起点,以价值主体的发展为归宿,是一切价值主体活动的实质目的;价值主体的社会层面则以满足社会需求为目的,在新自由主义改革背景下,外部环境强烈地要求大学适应社会需要,采用市场机制提高大学运行效率,因此市场的价值维度成为大学价值主体的社会层面的诉求。市场机制侵入大学,会弱化和妨碍对学问的探索,因而也就破坏了资助大学的终极目的。这种结果的产生主要来自用非人的、机械的关系、标准和检查,代替了师生之间人性的协商、指导和联系;也是由于把一种机械的标准化规范强加在教职工身上。② 虽然市场能对很多重要的社会需求作出回应,但市场并不支持大学作为社会批评者的角色,在市场的主宰下大学难以成为人类的精神家园,如果让市场力量来支配高等教育,大学最重要的价值就会被弃之一旁。如果大学的社会层面的价值

---

① 〔美〕伯顿·R·克拉克.高等教育新论:多学科的研究[M].第二版.王承绪,等译.杭州:浙江教育出版社,2001:26.
② 〔美〕罗伯特·伯恩鲍姆.高等教育的管理时尚[M].毛亚庆,樊平军,郝保伟,译.北京:北京师范大学出版社,2008:15.

占据主导地位,那么大学就会沦为"文凭工厂"。

当前,受这两种主体价值冲突的影响,学术功利主义正在逐渐成为大学中的主导价值,并在一定程度上遮蔽了大学的"本我"价值。"大学里的非赢利性机构正在呈现出赢利组织的特色和活动。大学不仅是市场的仆人或者供应者。它们是市场里积极的演员。"[①]市场机制让大学追求表层物质利益,经济利润取代学术旨趣成为大学的主要追求,大学在培养目标、课程设置、办学规模、资源配置等方面都受制于市场。"……不再是一个教育的、社会的、道德的过程,而更多地是一个实用主义的、经济的过程。学院和大学被看做企业,它吸收原材料,将它们进行加工,然后产出成品。它们在由教室和实验室组成的'制造设备'中拥有教师这样的'工人'。"[②]美国孟山都公司与华盛顿大学签署的科研协议规定,大学科研人员在发表与项目相关的成果之前要经孟山都公司鉴定统一,否则就不得发表。从长远来看,如果最大限度地把市场的原则和目标强加给精神活动,以实际效益衡量一切,以功利、实用作为行为动机,这将破坏精神活动所需要的自由氛围和创造空间。[③]

二、两种不同价值取向的冲突

价值取向是主体在处理各种矛盾冲突时所持有的基本立场,它具有强烈的倾向性,支配或决定着主体的价值选择。"市场"和知识有着不同的价值取向,"市场"的价值取向是效率,而知识的价值取向是学术自由。

---

① 〔美〕加里·罗兹,希拉·斯劳特.学术资本主义、被操纵的专业人员以及供应经济学政策的高等教育[A]//王逢振.美国大学批判[M].天津:天津人民出版社,2004:79.

② 〔美〕罗伯特·伯恩鲍姆.高等教育的管理时尚[M].毛亚庆,樊平军,郝保伟,译.北京:北京师范大学出版社,2008:69.

③ 赵婷婷.大学市场化趋势与大学精神的传承[A].//戴晓霞,莫家豪,谢安邦.高等教育市场化[M].北京:北京大学出版社,2004:199.

(一)市场的价值取向

新自由主义的精髓是"亲"市场。在经济学家看来,市场的形成有赖于两个要素,一是价格机制,一是自由竞争。价格机制能够反映市场中的供需关系,自动调节生产与需求。而让价格机制发挥巨大作用的,则是潜藏于价格机制背后的利润,正是通过这只"看不见的手"来达到市场平衡。在市场环境中,生产者和消费者通过自由竞争,包括在原材料采购、生产技术、产品质量等多个层面的竞争来实现利润最大化,从而实现提高效率的目的。因此,对于"市场"来说,效率才是其基本的价值诉求。

在新自由主义看来,大学可以引入市场机制。因为,知识具有私利性,这决定了知识生产可以由市场来进行价格调节。当然在大学中引入市场机制,是社会发展到一定阶段的产物。西方研究者指出,只有大学处于社会发展中心位置的情况下,才能形成高等教育市场。因为在高等教育规模比较小、职能比较单一的时候,是不可能形成反映高等教育供需关系的市场的。只有在高等教育走向大众化之后,高等教育的供给量扩大,人们接受教育的需求越来越多样化的情形下,才能够形成高等教育市场的想象。此外,知识还具有公益性的一面,因此高等教育属于准公共产品,现代国家认识到了高等教育的重要性,都卷入到了高等教育发展中。特别是第二次世界大战后,发达国家普遍加强了对高等教育的投资,然而,在高等教育规模扩大的同时,并没有相应地形成高等教育市场。而是在遭遇20世纪70年代全球性经济滞涨之后,财政危机成为发达国家的共同难题,面对如此庞大的高等教育规模所带来的财政压力,政府才不得不放松对高等教育的管制,市场机制由此得以进入大学。当市场机制进入大学后,追求效率成为大学的必然选择。澳大利亚工业科学资源部知识经济分部在一份报告中指出,新的增长理论以及其他理论体系曾尝试把知识作为经济生产的重要因素,赋予了知识以经济生产作用,但从政策角度观之,既然知识以其"公益性"的特点区别于经济产品,那么其日益彰显的重要性就为公共性政策提出了新的挑战。① 因为纯粹的市场手段并不能保证知识服务于公共利益,但处于市场环境中的大学,必然会受到"看不见的手"操控。

(二)知识的价值取向

学术自由是知识的价值诉求。布鲁贝克指出:"大概没有任何打击比压制学术自由更直接指向高等教育的要害了。我们要不惜一切代价防止这种威胁。学术自由是学术界的要塞,永远不能放弃。"②自由是追求真理的前提条件。自洪堡创立柏林大学以来,自由被抬高到相当重要的地位。柏林大学"尊重自由的科学研究"和"教学与学习的自由"成为了现代大学的基本原则,它赋予大学师生思考、研究、发表和传授学术的自由权利。没有学术自由,大学也就不能成为大学。学术自由既是大学追求真理所必需的,也是出于大学组织发展和社会进步所必须给予大学的权利。然而自由要突破两大限制,一是来自外部的限制,一是来自自身的限制。

首先,是来自大学外部的限制。历史的经验已经让现代社会对学术自由有了深刻认识,现代政府一般不会粗暴地干涉学术自由,并且乐意为学术自由提供法律保障。然而,在新自由主义的影响下,来自经济的压力对大学学术自由构成了隐形的干涉。哈耶克在论及大学的时候就指出:"今天的危险不在于明显的外部干涉,而更在于不断增长的研究经费的需要给予那些掌握钱袋的人

---

① 〔澳〕伊丽莎白·圣·乔治.知识经济时期的高等教育定位[J].张雪莲,译.国际高等教育研究,2007(1):15-24.
② 〔美〕约翰·S·布鲁贝克.高等教育哲学[M].杭州:浙江教育出版社,2003:55.

的控制权增大了。"① 高等教育的职能在于促进非功利性研究,而在市场化的环境中大学如何获取非功利性研究所必需的经费呢。按照市场的逻辑,谁投资于科研谁就享有科研带来的结果,那么大学就有被私有化的危险,这会使大学越来越远离服务于公共利益的使命。"大学的商业实践往往带来一种交易。使得大学不得不与其基本的学术价值妥协,这样有违大学的精神实质。"②

其次,是来自大学内部的限制。"外在自由"是实现"内在自由"的条件,为学术自由提供了可能,但是要真正地获得学术自由,更需要内在的自由。一直以来,大学都奉行价值中立的立场。价值中立的学术活动过程往往并没有带来中性的结果,尤其是一旦某种理论与政治结缘,它往往就会成为主流的意识形态或者占据中心的理论话语,而与之相对立的充其量是作为边缘化的理论形态,不是被忽略和排挤就是被大加贬抑。③ 在新自由主义思潮的影响下,大学面临着众多的诱惑与干扰。学者如何保持自身的精神追求是现代大学面临的巨大考验。哈佛大学前校长陆登庭在北京大学百年校庆时演讲指出:"本世纪许多最实用的科学发现都是大学学者在对自然界基础研究的探索中获取的,而不是所谓'有用发明'的追求的结果。正如遗传领域的发展可以追溯到半个世纪前脱氧核糖核酸的发现一样,当时,没有谁能预料这个发现会带来怎样的变革。"④

---

① 〔英〕弗雷德里希·奥古斯特·冯·哈耶克.自由宪章[M].杨玉生,冯兴元,陈茅,等译.北京:中国社会科学出版社,1999:571.
② 王英杰.大学的危机:不容忽视的难题[J].探索与争鸣,2005(3):34-38.
③ 阎光才.识读大学:组织文化的视角[M].北京:教育科学出版社,2002:251.
④ 北京大学高教所.21世纪的大学——北京大学百年校庆召开的高等教育论坛论文集[C].北京:北京大学出版社,1999:21.

三、两种不同价值标准的冲突

在价值标准上,"市场"与知识也存在着冲突。"市场"强调的是功利主义的哲学,终极目的是追求利润;而知识奉行的是高等教育认识论的哲学,终极目的是追求真理。

(一)功利主义导向与认识论导向

大学是一个学术组织,认识论的高等教育哲学是其赖以存在的根本。认识论的高等教育哲学认为知识是学术事业不证自明的目的,它无关上帝的荣耀和人类的利益,它本质上是一种观察、质询、推理、批判、想象的活动。怀特海这样描述大学:大学之所以存在不在于其知识传授,也不在于其知识探究,而在于其在"富于想象"地探讨学问中把年轻人和老一辈人联合起来,由积极的想象所产生的激动气氛转化为知识。① 然而,在新自由主义思潮的主导下,市场垄断着高等教育改革的话语权。"改革的议程……将倾向于市场,而不是公有制或政府计划与控制。决定高等教育市场方向的是市场资本主义与新自由主义的经济原则在几乎全世界的支配地位。"②市场重视知识的实际价值,功利主义成为大学教育的主导哲学。美国加州大学学者三好将夫在《契约中的象牙塔》一文中指出,在学术生产的外在指标与政策上,公司化的表现相当突出,例如,课程注册的人数、学位的授予量、学术出版量及索引指数、研究经费等指标均受到高度关注与监控,并用这些指标来衡量

---

① 〔美〕约翰·S·布鲁贝克.高等教育哲学[M].王承绪,等译.杭州:浙江教育出版社,1998:14.
② 〔英〕莱斯·莱维多.新自由主义的高等教育议程[A].//〔英〕阿尔弗雷多·萨德-费洛,黛博拉·约翰斯顿.新自由主义:批判读本[C].陈刚,等译.南京:江苏人民出版社,2006:209.

大学办学水平与绩效。① 另外，在学校管理方面，不管是公私立大学，都按照市场的逻辑来进行大学管理，重视服务品质、品牌行销、成果管理、校友关系以及对外公关；都很在乎大学的知名度、排行榜、学校形象，特别是学校球队的比赛成绩。其实，公私立大学在交易市场已无法区隔，在重视市场化经营策略下，都一样对外募款；热衷办理MBA之类具有高吸引力的推广部；都不惜成本在畅销媒体刊登招生广告或形象广告；都引进民间资金经营学校场地，如体育馆、游泳池、大型停车场、学生宿舍、教职员俱乐部、附属林场及农场等，所有院校更注意到精打细算，不让校园建筑空间闲置，都懂得专利权的收益，在乎技术转移的权益保障。②

功利主义导向使大学教师在科研活动中偏离了价值无涉的认识论哲学。前哈佛学院院长亨利·罗索夫斯基在向哈佛大学文理学院提交的报告中指出，校外活动的诱惑导致教师丧失职业良心。一向远离社会的英国大学在经历新自由主义改革之后，其与市场的紧密程度超过了我们的想象。据统计，英国市郡立工业大学中75%以上的大学工程系教师和90%以上的工程系教师至少在企业工作1年以上，50%以上的大学工学院教授和研究人员的薪金是从企业领取的。此外，还有2000名以上的大学博士生在与企业合作中领取由企业拨给的奖学金。③ 美国学者斯蒂芬认为，有足够的证据说明"大学研究人员对经济刺激的响应太过于积极，因而既不利于科学，也不利于长期的经济利益"，以大学为基地的科学家越来越将其知识"私有化"了，"他们拿科学上的名声和收获去换

---

① http://www.forum1.cn/show.aspx? id=65&cid=108, 2011-01-30.
② 郭为藩. 转变中的大学：传统、议题与前景[M]. 北京：北京大学出版社, 2006：139.
③ 易红郡. 英国大学与产业界之间的"伙伴关系"[J]. 清华大学教育研究, 2004(1)：71-77.

商业上的产权以及相伴的金钱回报"。①

功利主义导向使学生在课程选择上偏重于实用价值明显的课程,而忽视自由教育课程。重视通识教育是美国大学的传统,然而美国20世纪80年代中期的一项调查表明,75%的大学不要求本科生掌握欧洲史,77%的大学没有开设美国文学或美国历史的课程,82%的大学没有设置古希腊和古罗马文明史,把哲学列入主修课的大学比10年前减少了41%,把历史列入主修课的大学比10年前减少了62%,把现代语言列入主修课的大学减少了50%。②"由于学生被视为客户,一方面他们被赋予了权力,他们的要求可以随时得到满足;另一方面,他们的权力又被剥夺了,因为他们的长远需要可能被忽视了,他们很难参与到符号性、精神性和充满魅力的教育过程中。"③受新自由主义"消费者导向"的影响,学生对课程的选择权力增强,但是一味迎合学生选择、偏重功利性课程,这不符合教育教学规律,不利于学生的未来发展。

功利主义导向使大学内部的学科生态也发生了改变。政府鼓励高等教育为经济社会作贡献,因此实用性强的学科专业就获得了相对较多的发展机会。密歇根大学前校长杜德斯达指出,市场化条件下,"自然科学和工程科学拥有很强的资源优势,通常成为胜利者,而其他像艺术和人文科学,则很少有机会争取到外部的支持,通常会成为枯竭的一潭死水"④。在现代大学中,生物医学、电子等与社会发展紧密联系的学科受到重视,而哲学、文学、历史学等不能给学生带来丰厚回报的学科受到忽视。从世界范围来看,

---

① 俞可平.治理与善治[M].北京:社会科学文献出版社,2000:142.
② 戴晓霞,莫家豪,谢安邦.高等教育市场化[M].北京:北京大学出版社,2004:179.
③ 〔英〕安东尼·史密斯,弗兰克·韦伯斯特.后现代大学来临?[M].侯定凯,赵叶珠,译.北京:北京大学出版社,2010:79.
④ 〔美〕詹姆斯·杜德斯达.21世纪的大学[M].刘彤,屈书杰,刘向荣,译.北京:北京大学出版社,2005:143.

职业取向的课程在大学中占据着主导地位,而文史哲等学科则面临着发展困境。

功利主义导向弱化了高等教育的社会使命。三好将夫指出,在竞争、生产力和自由的名义下,公共空间正明显缩小,以前能独立对企业政策和政府政策进行批判的大学现在很少保持中立。[①] 大学对社会的批判是推动社会进步的真正动力,如果大学一味迎合社会需要,大学就会沦为职业培训场所。科塞认为,大学是对现行一切永远不满的组织,它总是用更高、更博大的真理来对当前的真理提出质疑。[②] 另外,在新自由主义影响下,功利主义对大学的冲击还表现为大学人文精神的缺失,在短期利益的驱动下,大学弱化了对学生的精神熏陶功能,导致现代大学培养出了一批懂技术没文化的技术人,这不仅不利于他们的自由发展,也不利于社会进步。

(二)市场的目标与知识的目标

市场机制通过提高资源配置效率,来达到追求利润的最终目标。而大学作为一个学术组织,它通过传播知识、创新知识的活动来实现大学人才培养、科学研究等功能。然而,受新自由主义影响,当代大学中面临着"市场"与知识之间的剧烈冲突。

1. 追求利润的压力威胁着大学的教育目的

在理念不能控制资金力的时代,资金力规定决定权的经济原理容易发挥作用。如果资金一元化,就会令人担心,与资金筹措者

---

① Miyoshi, M. Globalization, Culture, and the University[A]. //F. Jameson and M. Miyoshi. The Cultures of Globalization[M]. Durham NJ: Duke University Press, 1998.

② 周玲,谢安邦. 社会批判:大学与知识分子的历史使命与学术责任[J]. 现代大学教育,2006(2):1-5.

意图不相符的知识会被排除,也不能确保相互批判的空间的存在。① 德里克·博克在对高等教育市场化进行研究后指出,市场削弱了大学为民主社会进行教学与研究的声誉,降低了公众信任,威胁到大学的学术价值和标准。"被动地接受社会的目标和价值观不仅剥夺了大学的学术领导权,而且还促使其卷入伦理和智力价值都受到质疑的活动中。"② 西澳大学校长德里克在2000年的时候也指出,市场会导致一种狭隘的职业教育,而大学的目标是寻求智慧而不是职业培训,这是需要认真思考的问题。

2. 市场目标对大学组织活动的冲击

市场追求有用的知识,而不是为知识而知识,这对大学的知识生产、组织运行都产生了巨大影响。市场根据价格来调节经济运行,而大学所涉及的事情都是有关价值的问题。当市场机制侵入大学之后,其以价格来进行调节的机制直接影响到大学组织运行。研究者指出,如果学术资本主义主导大学,那么研究型大学就会更紧密地与市场而不是与专业相结合。也有学者预言,一旦市场化的逻辑在高等教育领域发挥到极致,那么未来就极可能只剩下名牌大学,而其他大学将被淘汰出局。美国加州大学 Santa Cruz 分校的前人文学院院长在一次私下的谈话中预估,如果市场化继续走下去,未来的世界会只剩下 200 家大学;同时,大学本身会由不同层次的 networks 所构成,如 UC Santa Cruz 会与矽谷直接联结,紧密地形成共生体。哈佛大学就很可能会像麦当劳一样在全球开分店;或是如我们已经看到的那样,大学为了生存,积极地进行战略结盟、合作开发,新加坡国立大学与美国麻省理工学院的远

---

① 〔日〕矢野真和. 高等教育的经济分析与政策[M]. 张晓鹏,等译. 北京:北京大学出版社,2006:239.
② 〔美〕德里克·博克. 走出象牙塔[M]. 徐晓洲,陈军,译. 杭州:浙江教育出版社,2001:90.

距离合作计划即是一例。①

应当澄清的是,教育不是经济的一个分支,它有自身的功能和目标。只要大学还是一个学术组织,大学就必须坚守追求真理的终极使命。市场的目标固然能驱使大学获得更多的外部资源,但它也将诱使大学越来越远地偏离学术轨道,不利于大学人才培养、科学研究等学术活动的开展。事实表明,市场的目标对大学的影响更多的是消极的。

第三节 "分权"与自治的价值冲突

放松管制是新自由主义的基本主张之一。在新自由主义看来,要让市场机制充分发挥作用,就必须解除政府对公共部门的管制,使公共部门在市场中发挥主体作用。受新自由主义思潮影响,"分权"成为各国公共管理改革的基本价值导向。全球化时代的新自由主义社会意象还倡导一种新的管治理念,它对各国政府所扮演的角色和承担的责任提出了与过去截然不同的观点,要求政府尽可能减少政策干预,加大对市场的依赖程度。② 20世纪末,高等教育领域掀起了全球范围内的改革浪潮,改革的目标就是要提高院校管理效率。这些改革通常增强了管理者权力,削弱了教授权威;在公立高等院校,普遍加强了政府部门的监督。③

---

① http://www.forum1.cn/show.aspx?id=65&cid=108,2011-01-30.
② 〔美〕彼得·D·赫肖克,马克·梅森,约翰·N·霍金斯.变革中的教育[M].任友群,杨光富,译.上海:华东师范大学出版社,2009:55-56.
③ 〔美〕菲利普·G·阿特巴赫,罗伯特·O·伯达尔,帕萃凯·J·甘波特.21世纪的美国高等教育:社会、政治、经济的挑战[M].施晓光,蒋凯,译.青岛:中国海洋大学出版社,2007:18.

一、价值主体的冲突

"分权"与自治的冲突首先表现为价值主体的冲突。"分权"的价值主体是政府,在新自由主义的指导下,政府采取解除管理的政策措施,向公共部门分权,扩大公共部门的权力。而自治是大学的内在要求,是大学捍卫学术自由的基本组织原则,虽然"分权"有利于扩大大学的自主权,但两者在价值主体的出发点上存在差别。

政府采取的"分权"措施,并不是出于大学自治的考虑。在遭受经济滞涨的巨大压力下,政府削减教育、卫生等公共事业开支成为缓解财政危机的直接动力。在削减大学财政拨款的时候,政府给予大学一些自主权以便大学从市场上获取资源。因此,杰夫·惠迪指出,放权并非它所声称的样子——它是打着让学校更多地管理自己事务的旗号,干着削减预算拨款的勾当。① 尽管激进的新自由主义者嚷叫着让政府滚出去,但事实上,改革表明,政府的干预变得更加隐蔽。表面上政府不再直接干预大学事务,但是大学采用委托代理的方式进行财政拨款,这样大学在接受政府资金的同时必须满足相关条件,从这个角度来说,政府从显性干预变为了隐性干预。此外,在政府向大学分权的同时,政府加强了对大学的评估,通过评估来要求大学提高质量,所以有学者认为,在"分权"的掩护下,政府仍然是一个威权主义的政府。日本国立大学法人化改革是这方面的一个很好例证。日本文部省每隔六年就对日本国立大学进行一次评价,根据评价结果来分配资源,或者决定对大学的改革,因此,在不少学者看来,国立大学法人化改革不是削弱而是强化了文部省对大学的控制力。

政府的"分权"强化了大学的院校管理权力,却未能有效增强

---

① 〔英〕杰夫·惠迪,萨莉·鲍尔,大卫·哈尔平.教育中的放权与择校:学校、政府和市场[M].马忠虎,译.北京:教育科学出版社,2003:58.

大学的学术自治权。在新自由主义改革之下，政府采取"分权"改革，强化了大学校长的管理权力，以校长为核心的大学行政管理权力大涨，而教授会的权力受到削弱，这是不同于传统教授治校理念的。美国卡内基教学促进基金会主席欧内斯特·博耶说，管理一所大学，不再只是张罗内部事务，今日成功的校长在于能使收支平衡。① 密执安大学前校长詹姆斯·杜德斯塔德说，自己有 2/3 的时间都花在向校友、企业、州政府及联邦筹措资金上。② 从世界各国大学制度变革的实践来看，大学在院校层面的自主权增强，然而院校层面的"自治"与学术基层组织学院、系等"自治"之间存在潜在的紧张冲突。因为在经费紧张的背景下，院校出于谋取更多资源、更好发展的同时，势必要采取措施来调节学术基层组织的发展方向，而这是与自治传统相违背的。所以，"分权"更像是一种重新伪装后的政府领导。

从"分权"的结果来看，分权并没有增强学术基层组织的权利，而社会机构从分权中享受到了更多参与大学管理的权力。在英国，负责缓冲院校与政府的中介机构——大学拨款委员会被取消，取而代之的是由企业团体成员占很大比例的大学基金会。澳大利亚仿效英国大学拨款委员会成立的组织——联邦高等教育委员会也被取消，其许多管理职能由就业、教育和培训部接替，但从这个机构的名称上就可以看出它对教育与经济关系的重视程度。在美国，在很大程度上，长期保护院校自主权的私有和公有组织之间的划分开始被打破，大学的利益相关者都能借助于各种社会组织对大学施加影响。教授在课程开发、入学、研究等方面的权限却受到减少，而不得不屈服于外界力量的干预。

---

① 赵曙明. 美国高等教育管理研究[M]. 武汉：湖北教育出版社，1992：268.
② 〔美〕杜德施塔特. 舵手的视界：在变革时代领导美国大学[M]. 郑旭东，译. 北京：教育科学出版社，2010：3.

"分权",实质上是调整政府与大学关系的一个平衡点,它并不必然涉及大学自治;而大学自治是调节大学内部关系以及捍卫大学学术自由的一个基本准则。两者的价值主体是完全不同的。所以,从价值主体的角度来看,"分权"并不必然增强大学自治,或许对学术专业人员的实质性自治反倒构成直接威胁。在目前"分权"改革中,大学的行政人员反而充当了政府官员代理人的角色,并没有给大学自治提供实质性保护。如果要让"分权"切实起到增强大学自治的作用,那么在改革中,政府就应该从大学主体的角度出发,而不是出于经济理性的考虑。然而,现实的情况是,任何国家都无法回避经济发展的重任,所以不同价值主体之间定位的不同,必然导致"分权"与自治成为大学改革中两种互不相容的价值。因此,阿特巴赫指出,在日益复杂化和科层化的环境中如何保持大学内传统的并且是有价值的教授治校和根本性的学术决策模式,将是所要面对的挑战。①

二、两种不同价值诉求的冲突

政府通过"分权"的措施来扩大大学的办学自主权,伴随权力下放而来的是大学要承担起相应的责任,所以责任是"分权"的基本价值诉求;而大学自治不仅是捍卫大学学术自由的基本组织原则,更是大学知识生产的组织要求。因此,从大学组织的角度来看,分权是大学组织的基本诉求。不过此分权非彼"分权"。

(一)"分权"的价值诉求

分权是新自由主义背景下大学制度变革的重要内容。在凯恩斯主义主导的时代,政府强化了对大学的控制,承担起大学资源供给者的角色。政府对大学的干预,如同政府对经济的干预一样,造

---

① 〔美〕菲利普·G·阿特巴赫.高等教育的发展模式[J].蒋凯,译.现代大学教育,2001(1):58-64.

成了大学无视社会需要、管理效率低下等问题。因此,当新自由主义出现后,政府采取"分权"的改革措施,增强大学的灵活性,使大学更加富有竞争力,以提高大学的运行效率。因此,"分权"成为调节政府与大学关系的一项重要举措。

"分权"并不是意味着放弃对大学的管理,"分权"与责任是一体两面的关系,或者说责任才是"分权"的真实旨意所在。政府通过"分权"的形式,将部分责任转嫁给大学,从而实现对大学的远距离操控。"当政府以一种相当有损尊严的方式从向大众提供高质量的公共教育的历史责任中隐身而退时,这是一种有意地规避、歪曲、隐瞒和故意忽视的过程。或者说,当政府有选择地从它难以取得成功的领域,如教育机会均等等退却时,亦是如此。不论哪种方式,将教育决策权下放到每所学校和家庭是政策'推卸责任'的有效策略。"①《1998~1999年世界发展报告:知识与发展》指出,"(教育)管理上的分权意味着将责任转到更小的管辖单位:从国家转到省,从省转到市,从市转到学校以及受教育者。"②"分权"改变了政府与大学之间的关系,使高等教育管理从"政府控制模式"转向"政府监督模式",政府更加重视通过立法、规划、监督、协调等职能手段来实现对大学的监督。当然,从积极的方面来看,大学确实获得了不少自主权,例如,世界范围内大多数国家的大学都获得了法人地位,享有法律所规定的办学自主权。

"分权"的背后其实还是"市场"的逻辑在发挥作用。市场条件下的大学"分权"改革是一种受到自我责任约束和社会监督的有限

---

① 〔英〕杰夫·惠迪,萨莉·鲍尔,大卫·哈尔平.教育中的放权与择校:学校、政府和市场[M].马忠虎,译.北京:教育科学出版社,2003:58.

② 世界银行.1998—1999年世界发展报告:知识与发展[M].北京:中国财政经济出版社,1999:50.

自治。① 市场法则是大学获得自主权的根据,它使大学有了获得自主权的更为充分的理由,在政府和社会的共同重视下,大学从政府手中获得了更大的权限。"在市场中,有一些强大的动力推动着学校的自主权的发展——这些动力源自在技术方面、管理层方面和消费者满意度方面对于组织结构优化的要求。为了建立和培植成功的学校组织必须实行分权制,将权力下放到学校层面。"② 1999 年,联合国教科文组织的一份报告认为,"分权"是过去 15 年影响教育改革的最重要现象之一。有学者针对性地指出:"虽然分权的运动是政治文明的标志,但权力分散是分权的误区,权力分散是一种用众多的集权取代单一集权的运动。"③ 特别是在大学改革中,"分权"主要是将责任转移到下面层级,让大学承担起寻找办学经费、面对社会问责的责任,而在某种程度上这是与大学的传统使命和责任不相符的。因此,波·达林指出:"在各个学校对自主权的需求与对所获得的结果(责任)的需求之间存在着内在的矛盾。"④

(二)自治的价值诉求

不少学者在研究大学的组织特点后指出,分权是大学的基本价值诉求,当然,此分权非新自由主义背景下的"分权"。托尼·布什认为,大学是松散结合的组织,分权是组织的常态。美国学者霍夫曼也认为,今日的大学是昔日学术自治、宗教等级与今日的官僚体系的混合体,大学缺少整体性原则。在伯顿·R·克拉克眼里,

---

① 茹宁,闫广芬.大学自治的条件与形态:知识的视角[J].清华大学教育研究,2007(3):15-21.
② 〔美〕约翰·丘伯.政治、市场和学校[M].蒋衡,等译.北京:教育科学出版社,2003:42.
③ 张康之.权力分散:分权的误区[J].新视野,1997(6):47-49.
④ 〔挪威〕波·达林.理论与战略:国际视野中的学校发展[M].范国睿,译.北京:教育科学出版社,2002:6.

高等教育系统具有复杂、独特、无序等特点,高等教育系统容易因"过于集权"而运转失灵,而分权则是高等教育的基本趋势。涂尔干也指出,大学中不同团体会为保护自身利益而相互承认对方的利益,这种情况是权力分化的最重要原因之一。①

分权作为大学自治的价值诉求来源于大学自身的组织特性。学科是高等教育内部基本的、组织的和政治的单位,每个单位既构建它自己,又被知识所构建。以知识为基础的学术劳动的分工,给高等教育提供了它特定的特征,并且既在院校的层次,又在系统的层次,提出专门的有关管理和协调的问题。② 高等教育系统是一个由院校和学科组成的矩阵结构,各个组成部门为了获得合法存在的空间,必然要求大学采用联邦主义式的分权管理。高等教育的权力最终来自知识,不断发展的知识必然造成学科分化、专业分裂,因此从知识劳动的特点来讲,权力分散是解决高等教育复杂性的合理方式。"一个结构复杂的大学本身就趋向成为联邦体系:半自治性质的系科、专业学院、讲座和学部,犹如一个个独立的小王国;各自都有特殊的利益要求,并且都反对一统天下的权威。"③

分权能够促使大学保持活力,为大学自治提供制度性保障。美国组织学学者汤普森把组织分为紧密连接型和松散连接型两种。从这个意义上讲,大学是一个松散连接的系统。科恩、马奇也指出,大学处于"有组织的无政府状态"。从多位学者的研究来看,大学是一个重心在底层的组织,具有多元的特性,倾向于分权。在这种组织特性的关照下,大学的管理构架必然会限制管理层的权

---

① 〔美〕伯顿·R·克拉克.高等教育系统[M].王承绪,等译.杭州:杭州大学出版社,1994:300-306.
② 〔荷兰〕弗兰斯·F·范富格特.国际高等教育政策比较研究[M].王承绪,等译.杭州:浙江教育出版社,2001:412.
③ 〔美〕伯顿·R·克拉克.高等教育系统[M].王承绪,等译.杭州:杭州大学出版社,1994:303.

力,因此教授终身制、教授治校也就有其存在的合法性。正如伯顿·R·克拉克指出的,大学具有组织机构的目标模糊不清、管理手段不明确、流动性参与等特点,因此面对这种"有组织的无序状态",只有分权才能使权力中心需要保持合理的冗余度,以便出现错误时,能够进行纠错。而科层理性无法应对大学中由于分权所带来的多元化问题。并且权力的垄断会使人感到窒息,而权力多元化则有助于造成百舸争流的局面,即使在校际流动的牵制下也能造成这一局面。① 所以,松散结合也是形成大学组织内部动力和活力产生机制的缘由所在,松散状态为基层的学术自主提供了制度性保障,焕发了个体的创造活力和部门的发展动力。②

三、两种不同价值标准的冲突

"分权"与自治在基本组织原则和监督管理方面也存有分歧。"分权"是科层制组织为提高自身效率而采用的一种管理形式,而学院制则是自治的理想组织形态。另外,在"分权"改革后,外部问责成为监管大学的基本制度,而奉行自治的大学则一直以来都坚守着同行评议的专业问责形式。

（一）科层制与学院制

"分权"是科层组织调整上下层级关系时所采用的一种手段,它可以最大限度地发挥下级组织的积极性与灵活性,提高管理效率。在"分权"影响下,大学从政府手中获得了较大的自主权,有利于大学提高管理效率。在新自由主义"分权"改革推动下,英国大学获得了较大的自主权。从英国华威大学的组织结构中可以发现两个特点,一是大学管理的层级比传统大学简化,在副校长与院系

---

① 〔美〕伯顿·R·克拉克. 高等教育系统[M]. 王承绪,等译. 杭州:杭州大学出版社,1994:306.
② 阎光才. 识读大学:组织文化的视角[M]. 北京:教育科学出版社,2002:94.

之间没有中间层级,二是大学管理的幅度变宽。结果表明,这种管理结构的变化并没有带来权力的分化,而是权力在院校层面的集中。英国华威大学的个别教授指出:"现在,华威有变成中年和过分科层化的危险……这个制度是大量集权的。我们希望看到把权力大规模地下放到系。"①所以,在科层制的"分权"改革下,院系并没有获得任何实质性的权力,相反,院校层面比以往呈现出更大的协调权。牛津大学副校长提议设立一个新的学术理事会,以鼓励各学院之间以及学院与大学间的合作;同时它还要担负招生、招聘和预算等方面的责任,因为这些方面面临的竞争越来越激烈。该理事会将包括非牛津的成员,由此引发了人们对将企业标准凌驾于纯洁的学术价值之上的谴责。②

在传统的大学管理中,学院制是大学的理想组织形式,教授掌控着大学事务的决策权。然而,在新自由主义改革中,教授的权力受到威胁,大学和教授之间的关系趋向于雇佣与被雇佣的关系,使教授增加了职位不安全感,减弱了教授的专业自治权,以教授为中心的学院制面临着巨大威胁。1988年英国发布的高等教育改革白皮书,就提出取消新聘教师的终身制。日本国立大学法人化改革之后,教师普遍感受到严格的管理,认为缺少宽松、自由的环境,并且挫伤了教师的工作积极性。"现在大学普遍开始对教师工资进行改革,实现结构工资。所谓结构工资应该由一个基本工资再加上根据学术成就递增的报酬构成。"③大学教授"失去他们昔日的专业认同与威望,以最为粗糙的方式被修剪着,一味条件反应式

---

① 〔美〕伯顿·R·克拉克.建立创业型大学[M].王承绪,译.北京:人民教育出版社,2003:26.
② 〔美〕菲利普·G·阿特巴赫,佩蒂·M·彼得森.新世纪高等教育:全球化挑战与创新理念[M].陈艺波,别敦荣,译.青岛:中国海洋大学出版社,2009:139.
③ 〔美〕伯顿·R·克拉克.高等教育新论:多学科的研究[M].第二版.王承绪,等译.杭州:浙江教育出版社,2001:98.

地去完成规定参数"①。因此有学者指出,"分权"改革在某种程度上去掉了以往在公共服务方面为保证诚实和中立制定的方法(固定薪金、程序规定、永久任期、对直线管理权力的限制、公共部门和私营部门之间明确分开的界限)。② 在一些学术自治传统较为薄弱的国家,如俄罗斯、巴西等国的教师就认为由教育部管理比获得自主权之后的大学更能保护学术权力。

(二)外部问责与专业问责

奥尔森和皮特斯认为,问责有两种形式,一是专业取向的,一是消费者取向的。专业取向的问责,事前制定规制,向该领域的专家说明;而消费者取向的问责,则与市场相关联,根据事前合同目标来评价。③ 一直以来,由于高等教育的规模较小,接受高等教育的人数也不多,所以大学中流行的是以同行评价为主要形式的专业问责。然而,在新自由主义改革后,大学获得了更多自主权,作为对大学的监督与约束,外部问责进入到大学中。

1. 两种问责具有不同的出发点

简单地说,问责即是向别人汇报、解释、证明及回答资源是如何使用的,并达到了什么效果。在传统大学里,专业问责是学术同行出于学术探究的目的,对知识生产过程进行问责,以知识作为问责的基本出发点。而外部问责,更多的是要求大学回答是否履行了相应的责任与义务,是否完成了大学的管理目标。在现代大学批评者眼里,他们把缺少管理或外部控制的学术机构比喻为收容所里收容的人在管理收容所。例如,1991年斯坦福大学因涉嫌滥

---

① 俞可.洪堡2010,何去何从[J].复旦教育论坛,2010(6):23-30.
② Hood Christopher. A Public Management for All Seasons? [J]. Public Administration, 1991, 69(1):8-10.
③ Olssen, M. & Peters, M. A. Neoliberalism, Higher Education and the Knowledge Economy: From the Free Market to Knowledge Capitalism. Journal of Education Policy, 20(3):313-345.

用联邦政府科研经费而受到社会舆论指责,这使斯坦福大学处于社会舆论的漩涡之中,大学不得不履行社会问责的义务。虽然此事最后得以澄清,但这表明大学再也不能游离于社会监督之外。在有更多利益相关者参与到大学管理中的现实情形下,大学已不能像过去一样垄断知识生产,大学活动会受到越来越多利益相关者的问责,而这些问责并不是出于知识的本位,而是出于效率、正义等价值诉求。

2. 两种问责的问责主体不同

问责主体是指在问责过程中对大学提出质疑或利益诉求的一方。专业问责的主体是大学内部人,而外部问责的主体是社会和政府等外部利益相关者。因此,大学内部人关注的是知识本身的价值,而外部问责的主体更关注于知识的实际用途及其他相关价值诉求。在大学吸收校外人士参与大学管理后,大学能够更为积极地回应社会需要。然而,在满足外部主体的利益诉求过程中,将会偏重于知识的应用价值与短期的功利成效,而难以兼顾知识发展的内在逻辑,使大学趋于功利性追求,进而影响到大学自由探究的学术传统。

3. 外部问责比专业问责的范围更加宽泛

内部问责只涉及大学的专业问题,如课程、教学、科研等与学术活动密切相关的领域。而外部问责除涉及学术事务外,还关注大学里的很多管理事务,如大学的收入来源及经费分配、大学绩效考评、大学发展战略等问题。有学者归纳指出,外部问责涉及如下利益诉求:财政廉洁、财政安全、风险管理、管理体制、成本/竞争力、物有所值、学校规划、投资数额、教学、研究和服务质量、道德规范/责任、环境等。[①] 可见,外部问责的范围更加广泛,对大学的要

---

① 高耀丽.英国高等教育问责制及其启示[J].高等教育研究,2005(11):103-107.

求更高,尽管问责能使大学对社会需求作出积极反应,但太多的问责制又可能摧毁学术精神。

虽然责任制和自治并不被认为是必然不相容的。但是,两者之间的紧张关系已经凸现,在要求负起更多责任的地方,常常留下较少的自治。①

---

① 〔荷兰〕弗兰斯·F·范富格特. 国际高等教育政策比较研究[M]. 王承绪,等译. 杭州:浙江教育出版社,2001:11.

第五章 我国大学制度变革的省思

大学制度是我国高等教育界关注的热点问题。从改革开放初期开始,我国就在进行大学制度改革的探索。1979年12月6日的《人民日报》刊载了苏步青、李国豪、刘佛年、邓旭初等大学校长、书记呼吁给高等学校一点自主权的文章。他们的真知灼见在社会上引起强烈反响,自此大学自主权成为大学制度研究的一个重要问题,而且国家也将大学自主权提上高等教育体制改革的议事日程。随着我国经济社会改革持续深入推进,大学与社会发展之间的不协调关系愈益突出,我国大学制度变革的重要性也与日俱增。不管是在理论研究者看来,还是对于大学的管理者而言,他们一致认为我国要建立现代大学制度,这是我国高等教育改革的重要目标之一。30多年过去了,在我国已初步建立社会主义市场经济体制的形势下,我国的"现代大学制度"仍然付之阙如,为什么我国大学制度变革没有实现预期目标呢?美国社会学家米尔斯指出,"如果我们想理解当代社会结构中的动态变化,就必须尽力洞察它的长期发展,并根据这些发展设问:这些趋势发生的机制是什么,该社会结构变迁的机制是什么?正是在诸如此类的问题中,我们才能深入涉及这些趋势"①。面对我国大学制度变革的紧迫任务,有必要从我国高等教育体制改革的历程中去发现问题,分析影响我国大学制度变革的因素。

---

① 〔美〕C.赖特·米尔斯.社会学的想象力[M].陈强,张永强,译.北京:生活·读书·新知三联书店,2005:163.

第一节　我国大学制度的变革历程

我国现代意义上的大学出现于 19 世纪末期,它不是中国传统高等教育自身发展演进的结果,而是在救亡图存的特殊时代背景下移植西方大学的产物。我国早期大学深受日本、德国、美国等大学的影响,大学制度带有鲜明的欧美印痕。新中国成立后,出于意识形态的原因,20 世纪 50 年代在全国范围内进行了高校院系调整,仿照苏联模式建立起与计划经济体制相适应的高等教育体系,并对大学制度进行了相应改造。"文化大革命"中,大学虽然受到严重冲击,还曾一度停止招生,但前苏联模式的大学制度却被延续下来。改革开放以来,随着经济社会大发展,高度集中的大学制度与迅速发展的社会之间越来越不适应,大学制度改革被提上议事日程。

根据改革开放 30 多年的发展历程,并结合经济社会发展的阶段性特点,可以把我国大学制度变革分为两个阶段,即启动阶段与深化阶段。

一、大学制度变革的启动阶段

粉碎"四人帮"后,经过"拨乱反正、调整恢复",我国高等教育迅速恢复到"文化大革命"前的状态。随着国民经济迅速走上正轨,现代化建设急需大量人才的问题日益凸显,然而高度集中的高等教育管理体制严重束缚了大学的发展活力。因此,当 1979 年提出"给高等学校一点办学自主权"的时候,便迅速在社会上引起强烈反响,成为我国高等教育管理体制改革的导火线。

虽然大家意识到应该给高校更多的自主权,但在高度统一的管理体制格局中,没有自上而下的指示,改革就没有合法性可言。

在经过广泛调查与深入研究后,中共中央在1985年作出了《中共中央关于改革教育体制的决定》(以下简称《决定》)。该决定指出:"要改变政府对高等学校统的过多的管理体制,在国家统一的教育方针和计划指导下,扩大高等学校的办学自主权。"① 这是国家第一次在中央文件中提出要"扩大高等学校的办学自主权",从此拉开了我国大学制度变革的序幕。虽然国家也意识到发展高等教育需要给大学更多的办学自主权,但受当时计划经济体制的制约,在落实高校办学自主权方面并没有取得实质性突破。尽管《决定》强调高等教育改革要"加强宏观管理,坚决实行简政放权,扩大学校的办学自主权",然而,当时《决定》中的办学自主权主要体现为,"高校计划外招生、调整专业、接受委托或与外单位合作、提名任免副校长、国家拨发的基建投资和经费自主安排以及自筹资金利用"六个方面的自主权。《决定》还提出要建立"中央、省、中心城市三级办学"的高等教育管理体制。随后1986年国务院颁布的《高等教育管理职责暂行规定》,进一步明确了中央各部门、地方政府、高等学校的管理权限和责任。

1988年召开的全国高等教育工作会议指出,"高等教育改革的目标,是逐步建立使学校具有主动适应国民经济和社会发展需要的有效机制",论述了把市场机制引入高校,逐步实现校长负责制等问题。随后,1989年国家教委起草的相关文件指出,"高等教育体制改革的核心,是建立与社会主义现代化建设,特别是与有计划的商品经济相适应的运行机制"。不难看出,20世纪80年代后期政府关于高等教育改革的思路逐渐清晰,认识到需要从运行机制上进行改革。

在这一阶段,我国高等教育改革的目标、原则等都还没有逾越

---

① 国家教育委员会.中华人民共和国现行教育法规汇编[Z].北京:人民教育出版社,1991:1-10.

计划经济的思维范式,但值得肯定的是,大学制度改革的车轮已经启动。尤其是在20世纪80年代后期已经意识到大学制度要与经济社会运行机制相适应,这与以往的教育方针相较而言,是一个巨大的进步。

二、大学制度变革的深化阶段

1992年是我国改革开放历程中的一个重要节点。这一年,党的十四大明确提出我国经济体制改革的目标是建立社会主义市场经济体制,在此思想指导下,我国加快了改革开放和现代化建设的步伐。随着经济社会改革不断深入推进,教育改革的方向逐渐清晰,即要初步建立起与社会主义市场经济体制和政治、科技、文化体制改革相适应的"教育新体制"。

1992年底,国家教委出台《关于加快改革和积极发展普通高等教育的意见》,提出要"改革高等教育办学和管理体制,转变政府管理部门职能,扩大学校办学自主权,改革学校内部管理体制和运行机制",探索出高等教育发展的新路子。该意见指出,高等教育管理体制改革就是要理顺政府、社会和学校三者之间的关系,"改革原有的国家集中计划和政府直接管理的办学体制,逐步建立和完善国家统筹规划和宏观管理、学校面向社会自主办学的新体制"。并且还指出,体制改革的方向是实现中央与省两级管理、两级负责为主的管理体制。

1993年,中共中央、国务院通过了《中国教育改革与发展纲要》,提出要深化高等教育体制改革。该纲要明确提出,高等教育体制改革主要是"解决政府与高等学校、中央与地方、国家教委与中央各业务部门之间的关系,逐步建立政府宏观管理、学校面向社会自主办学的体制"。在政府与学校的关系上,按照政事分开的原则,在法律框架内厘清高等学校的权利和义务,使高校成为面向社会自主办学的独立法人实体;在中央与地方的关系上,确立"中央与省分级管理、分级负责"的管理体制,中央"进一步简政放权,扩大省的教育决策权和包括对中央部门所属学校的统筹权";在国家教委与中央业务部门的关系上,国家教委负责统筹规划、政策指导、组织协调、监督检查、提供服务。① 该纲要基本上确定了我国高等教育体制改革的方向,是指导我国新时期高等教育发展的重要文件。

1995 年,国务院转发了《国家教委关于深化高等教育体制改革若干意见的通知》。该通知指出,高等教育体制改革的进程滞后于经济体制改革和社会发展,与社会主义市场经济体制的要求不相适应,政府职能还没有完全转变,高校仍然缺乏应有的办学自主权和自我约束机制,部门办学、条块分割的局面没有根本扭转。该通知提出,高等教育管理体制改革的目标是基本形成举办者、管理者和办学者职责分明,中央和省两级管理,以省级政府统筹为主的,条块有机结合的体制框架。

1996 年拟定的《全国教育事业"九五"计划和 2010 年发展规划》提出,对高等学校实行部门与地方共建共管或以多种形式实行联合办学,逐步改变长期以来的"条块分割、自我封闭、服务面向单一"的状况。以"共建"和"联合办学"为主要形式,扩大学校投资渠道和服务面向,淡化、改变学校单一的隶属关系。"加强省级政府统筹和条块结合,推动有条件的学校进行实体合并",到 2010 年中央政府只管理少数有代表性的学校,更多的学校转由地方政府管理为主。②

1998 年,全国人大通过了《中华人民共和国高等教育法》(以

---

① 中共中央,国务院. 中国教育改革和发展纲要[DB/OL]. http://www.moe.edu.cn/publicfiles/business/htmlfiles/moe/moe_177/200407/2484.html,2010-02-11.
② 中华人民共和国. 全国教育事业"九五"计划和 2010 年发展规划[DB/OL]. http://www.moe.edu.cn/publicfiles/business/htmlfiles/moe/moe_177/200407/2485.html,2010-02-11.

下简称《高教法》),推进高等教育体制改革被写入了《高教法》。并且《高教法》明确规定高等学校自批准设立之日起取得法人资格,高校依法享有招生自主权、专业设置自主权、教学自主权、科研自主权、对外交流权、人事自主权、财产自主权。《高教法》还指出,高等学校应当面向社会,依法自主办学,实行民主管理。值得肯定的是,《高教法》将改革开放以来关于高等教育体制改革所取得的共识以法律形式确定下来。

1999年,国务院批准了《面向21世纪教育振兴行动计划》。该行动计划指出,继续实行"共建、调整、合作、合并"的方针,中央和省级政府两级管理、分工负责,要在今后3~5年基本形成在"国家宏观政策指导下,以省级政府统筹为主的条块有机结合"的管理体制。将高等教育管理的重心从中央下移到省一级,完成高等教育行政体制和布局结构调整。该行动计划还指出,要大力推进高等学校内部管理体制改革,进行高校人事制度改革、后勤社会化改革。

2010年国务院审议通过《国家中长期教育改革与发展规划纲要》。该纲要在延续以往高等教育体制改革的精神之上,再次强调要落实和扩大办学自主权,并且明确提出完善中国特色现代大学制度,完善大学治理结构。相对于以往的高等教育改革文件而言,这次的纲要在很多方面有了新的提法,如尊重学术自由,营造宽松的学术环境,探索教授治学的有效途径等极富时代精神的改革举措。

经过30多年的不断探索,我国大学制度变革取得了一定的成绩,打破了以前条块分割的管理体制,加强了省级政府统筹,增强了高校面向社会自主办学的意识,初步建立起了适应社会主义市场经济的高等教育管理体制。但也不难发现,高校自主权仍是我国大学制度变革中的一个重要问题,还没有从根本上得到解决,而这直接关系着能否建立起我国现代大学制度。

三、我国大学制度变革的特征

自1985年《中共中央关于改革教育体制的决定》出台以来,我国在大学制度变革的实践中进行了大量探索。然而,我国大学制度的现状与我国经济社会发展的要求之间还存在很大的差距。大学是社会大系统中的一个子系统,大学的发展不是孤立的,必然要受到外部环境的影响和制约。从我国大学制度变革的实践来看,大学制度变革方面迈出的每一步都与社会改革有着紧密关系。

首先,我国大学制度变革与经济社会改革的步调基本一致。每当经济社会改革有重大突破或重要政策出台的时候,在高等教育管理体制方面都会有跟进之举。以1985年的《中共中央关于改革教育体制的决定》为例,它是在农村家庭联产承包制取得成功、城市企业承包制正在逐步展开的背景下出台的,该决定的指导思想是要改变政府对高校统得过多的管理体制,给高校办学自主权。其实,该决定的指导思想与农村的家庭联产承包制和城市企业承包制如出一辙,即改变国家大一统的僵化模式,给生产经营者决策权。当决定要建立社会主义市场经济体制之后,在高等教育领域随即提出了建立与社会主义市场经济相适应的"教育新体制"。教育与经济社会发展相适应,这是教育发展的规律,倘若教育变革以经济社会为导向,必将产生忽视教育特性的严重后果。我国大学制度变革方面的每一次重大决议都有着深刻的经济背景,都是以有利于经济社会发展作为大学制度改革的合法性依据。以此为基点的改革,固然可以在一定程度上满足经济社会发展的需要,但从长远来看,若忽视教育特殊性的改革必将有损大学的根本利益。

其次,我国大学制度变革与经济社会领域的变革一样,采取的是自上而下的变革方式。尽管早在1979年我国部分大学校长、书记就提出了给大学自主权的呼吁,但直到1985年决定出台之后,大学才获取了少量极为有限的自主权。在我国高等教育管理体制中,政府是高等教育变革的唯一合法权利来源,没有政府授权,大学制度改革就难以获得其政治合法性。大学具有多个利益相关者,政府只是众多利益相关者中的一个,尽管政府肩负着确保高等教育公共性的职责,但大学具有和其他公共部门不一样的组织特点。大学是一个"底部沉重"的组织,大学中的学科、专业等学术基层组织是大学活力的来源,大学改革应该尊重大学学术组织的特性。伯顿·R·克拉克就曾指出,高等教育中自下而上的改革往往更有可能成功。来自教育行政部门的改革指令虽然具有强制性,但在执行过程中必然会影响学者的积极性和创造性。纵观我国30多年来高等教育管理体制的变革历程,可以发现大学进行制度变革的主动权极为有限,严密的行政控制体系约束了大学自主变革的主动性。

再者,现有的政治经济格局制约着大学制度变革的范围和程度。任何制度都是一定社会环境中的具体制度,并受社会环境制约。我国从改革开放初期提出的建立有计划的社会主义商品经济,到1992年之后提出的建立社会主义市场经济,这是我国在经济建设中的重大突破和创新,受此影响和推动,我国大学制度改革方面也发生了一系列新变化,譬如,市场的观念被逐渐引入到大学中。然而,不容忽视的是,我国在政治体制改革方面的步伐一直落后于经济体制改革的进程,而政治体制改革与高等教育管理体制改革有着直接关系,所以我国在大学制度变革方面一直难以逾越现有的政治架构。在简政放权的改革指导思想下,我国大学获得了以往不曾有过的一些自主权,但在行使这些自主权的时候,还是要受到既有政治格局的制约,不能充分发挥出高校的创造性。例如,我国高校实行党委领导下的校长负责制,而如何处理好党委书记与校长的关系还是一个需要不断探索的问题。因此,大学制度变革的范围与程度直接受制于所处的政治经济环境。

变革是我国社会30年来的一个基本特征,在整个社会从计划经济向市场经济转型的过程中,我国大学也无法置身于社会变革的潮流之外。中国20世纪70年代末以来的社会改革可以看作由两个方面构成的渐进过程,"分权让利"过程和市场化过程。① "分权"、"市场"构成了我国社会改革的基本价值取向,这与新自由主义主导下的西方国家社会改革有着相似之处。虽然新自由主义不是指导中国社会改革的主流意识形态,但我国经济社会改革的某些措施与新自由主义所主张的缩减政府权限、尊重市场规律等基本主张还是存在不少共性的地方。在知识经济时代,大学卷入社会发展的程度越来越深,社会的转型必然要影响到大学制度变革。事实上,从我国大学制度变革的历程中不难发现,"分权"与"市场"也是指导我国大学制度变革的基本价值取向。经过30多年的不断探索与实践,我国大学制度变革已经迈出了实质性的步伐,但不可回避的是,在"分权"与"市场"导向下的大学制度变革还存在着不少问题。

第二节 我国大学制度变革中的"分权"

自1985年国家启动教育体制改革以来,简政放权一直是贯穿我国高等教育改革与发展的基本指导思想。通过权力下放,地方政府与高校都相应地获得了一定的自主管理权力,激发了地方政府与高校的办学积极性,但中央政府主导的权力下放过程仍存在一些问题。

一、"分权"的出发点

从我国经济社会发展的过程来看,我国高等教育体制改革中

---

① 刘欣. 当前中国社会阶层分化的制度基础[J]. 社会学研究,2005(5):1-25.

的"放权"更多的是出于经济社会转型的需要,而不是出于大学的自身逻辑。高校自主权的扩展是政府在经济改革背景下进行职能转变、政府简政放权的必然反映。① 在"放权让利"的指导思想下,1982年的政府机构改革调整了政府权力过分集中的状况,在中央与地方、政府与企业的关系上作了一定调整,赋予地方相应的权力,调动企业的积极性。1985年的《中共中央关于教育体制改革的决定》实质上是1982年政府机构改革在教育领域的反映。《中共中央关于教育体制改革的决定》提出要在高等教育领域"改革管理体制,在加强宏观管理的同时,坚决实行简政放权,扩大学校的办学自主权,经过改革,使高等学校的潜力和活力得到充分的发挥,主动适应社会发展的多方面的需要",这些改革原则与此次政府机构改革的思路一脉相承。1992年召开的十四大是1993年《中国教育改革与发展纲要》出台的政治背景。党的十四大提出要建立社会主义市场经济体制,这成为重新定义政府职能的基本框架,具体而言就是要加强宏观调控和监督管理,减少具体审批,做到宏观管好,微观放开。由此,该纲要明确提出要实现中央与省分级管理、分级负责的教育管理体制,转变政府职能,使高校成为自主办学的法人实体。在我国近30多年高教管理体制改革的过程中,每次重要改革文件的出台都与国家社会发生的重要事件有着紧密关系。对于"底部沉重的"高等教育系统而言,"分权"本应是高等教育组织的基本诉求,但是在经济社会转型背景下,"分权"遵循的是政治体制改革的逻辑。

  再者,十一届三中全会后,国民经济迅速走上正轨,社会主义现代化建设需要大批专业技术人才,然而大学却不能在短时期能迅速扩大办学规模,无法满足社会对人才和知识的渴求。在现代

---

① 卢乃桂,陈霜叶. 20世纪90年代以来中国高等教育改革中市场角色的研究[J]. 教育研究,2004(10):33-37.

化建设各个方面都需要大量资金的情形下,政府无法给教育倾注更多的财政投资。于是在20世纪80年代,政府允许高校招生少量自费生,一来可以给社会增加国民经济建设所急需的人才,二来可以增加高校收入。因此招收自费生成为大学较早获得的自主权之一。在20世纪90年代的高等教育体制改革中,"分权"的目标和途径更加清晰,即要打破条块分割的办学体系,除少数学术声誉好的大学划归教育部管辖,其余高校都下放给省级地方政府,这样一来,中央政府所需承受的财政负担就大为减轻,因此在90年代后期出现了不少行业性大学面临办学经费紧缺的问题。特别是当省级政府办学经费有限的情形下,地方高校的经费困境就更加突出。所以,当政府不再全部承担高校办学经费的时候,自然就要给高校下放谋取资源的自主权。这种情形下的"放权"以承担相应责任为前提,不同于权利对等主体之间的"分权"。

"放权"与"分权"是两个有联系,但内涵并不完全一致的两个概念。分权(decentralization)是当今世界政治改革的潮流,它能够发挥基层组织的积极性和创造性,扩大基层组织或个人所享有的民主权利。根据政治学研究,分权有四种基本形式,即授权、委托、放权、私有化。授权是分权中最弱的一种,它是指将部分权力分配给下级行使,责任分担给下级,但中央或上层有最终控制权,可以随时将权力收回;委托是指将特定职能和管理权限移交给准政府部门或其他自治组织,使权力接受者在决策和人事上享有较大自由度,权力接受者要以满足权力授予者的附加条件作为行使权力的前提;放权是指把处理当地事务的权责完全转移给地方政府或下级,中央或上级不再介入,中央或上级的职能只是保证下级在其方针政策框架下运行;私有化,是指将政府的某些公共服务转由私人组织来提供,是一种极端的分权形式,它通过市场竞争的方式,形成客观的分权态势,进而弱化政府作为"生产者"的职能。

我国大学制度变革中的"放权"与英文语境中的"分权"类似。

然而在中国的情境下,这个词基本上是指给高校更多的决策机会,在这方面,意义最为重大的就是重构中央政府、地方政府和高等院校之间的关系。① 应该指出的是,国家教育主管部门在向地方政府和高校放权的过程中,对权力的责任与义务并没有作出清晰划分,只是在有限的范围内将高校部分管理权让渡给地方政府和高校。这种权力下放与分权是有区别的,分权的实质是将权力下放给下属部门,在分权过程中,上级部门的管理职能相应发生变化,而下级部门的管理权限逐渐扩大,自我控制力增强。自改革开放以来,在下放高校自主权的过程中,高校自我管理的权限范围确实有所扩大,但是国家教育主管部门的职能并没有发生根本改变。纵观新中国成立以来我国高等教育体制改革,不难发现,一旦"放权"之后出现"乱象",国家教育主管部门就要采取相应"收权"措施。因此,我国高等教育体制改革中的"放权"实质上是一种"授权",并不是两个独立主体之间的"分权"行为,它更多的是"行政性分权",而不是"政治性分权"。

二、"分权"改革的成效及不足

在简政放权的改革思路指导下,我国大学制度变革虽然没有达到所设想的预期目标——建立现代大学制度,但还是取得了一些成绩。从中央与地方的关系来看,已经打破了集权型的高等教育管理体制,地方政府拥有了更大的教育统筹权。特别是在20世纪90年代后期的改革进程中,基本形成了中央和省级人民政府共同管理,以省级政府管理为主的新体制。中央政府放开了一些本来不该管的事情,调动了地方政府和高校的办学积极性,为"宏观

---

① Hawkins, J. Centralization, Decentralization, Recentralization: Educational Reform in China. Journal of Educational Administration, 2000, 38(5):442-454. //〔美〕彼得·D·赫肖克,马克·梅森,约翰·N·霍金斯.变革中的教育[M].任友群,杨光富,译.上海:华东师范大学出版社,2009:123.

管住,微观放活"创造了有利条件。通过权力下放,扩大省级政府的管理权限,激发了地方政府发展高等教育的责任感,改善了大学的办学环境,促进了大学与地方经济发展的关系。从大学的角度来看,大学自主权进一步扩大与落实,从1985年正式提出扩大高校的办学自主权,到1998年将高校办学自主权写入《高等教育法》,并明确规定高校七个方面的自主权,这是我国高校管理改革的巨大进步,使高校自主办学有了法律保障。

尽管高校在"下放自主权"的改革中获得了一定的权力,但国家教育主管部门的权力依然强势。政府是推动我国高等教育体制改革的主导力量,在简政放权的指导思想之下,政府主动将部分权力让渡给高校,但政府仍然扮演着最终裁定者的角色。"大学的自主性仍然很弱,很多控制权依然掌握在教育部和其他政府机构中。"①例如,《高等教育法》规定,高校能够自主调节系科招生比例,自主设置和调整学科、专业等多个方面的自主权,如果真要行使这些自主权,高校还是要向相应的主管部门逐层报批。因为政府始终担心把权力下放给高校后,高校不能很好地运用自主权,甚至干出违法乱纪的事情,出现一放就乱的现象。② 而在管理职责方面,经过多次调整,政府与高校的职责划分逐渐清晰,高校肩负的责任更加明确,高校需要面向市场自主办学,需要筹集办学经费的不足部分。总体来看,高校的职责与其享有的权力并不对称,高校在具体操作和执行自主权方面还有各种障碍。

相对于政府"放权"而言,地方政府和高校在改革中"被动"接受了下放的权力。经过高等教育管理体制调整,部门办学的局面已经打破,除少数大学仍由教育部和相关部委管理之外,其余多数

---

① 盖勒德·A·葡斯廷尔.21世纪的中国高等教育:市场经济条件下的若干发展性思考[J].陈超,译.比较教育研究,2002(2):52-59.
② 〔加〕许美德.中国大学1895—1995:一个文化冲突的世纪[M].许洁英,等译.北京:科学教育出版社,1999:9.

行业大学都被划转为由地方政府管理。教育部直属大学从改革前的 36 所增加到 2006 年的 75 所,从教育部直接管理的大学数目来看,教育部的权限反而得到强化。另外,一些下放给地方政府管理的大学,由于一些地方政府缺乏充足的财政实力,没能真正起到促进地方经济发展的效果。对于高校来说,移交给地方政府管理,只不过是换了一个"婆婆"而已,大学与政府的关系没有得到根本性改善。如果地方政府不合理界定管理权限,不转变管理方式,那么下移给地方政府的高等教育统筹权将会演变为"地方式集权",原有的弊端并没有革除。

高校在"放权"改革中获得了一些自主权,但这些自主权缺乏相应的操作细则,难以实施。大学扩大自主权后,就要分担政府高等教育财政压力,这对于大学来说完全是一个被动的过程。1985 年《中共中央关于教育体制改革的决定》中规定高校具有六个方面的自主权,但是这些自主权并不涉及管理体制等关键问题。例如,高校有权在计划外接受委派生和自费生,便是出于解决政府办学经费不足而采取的措施,总体上看来,这六个方面的自主权只是计划经济体制内的微调而已。到 20 世纪 90 年代,明确提出建立社会主义市场经济体制的改革方向之后,政府提出高校要面向社会、自主办学,高等教育管理体制改革才得以向纵深推进。这一阶段,政府在进一步扩大高校自主权的时候,通过权力分散的途径将政府的财政负担也随之下放给大学。从统计数据来看,1994 年政府财政经费占整个高等教育总经费的 82.17%,而到 2001 年的时候只占 54.98%;而非财政性经费从 1994 年的 17.83% 上升到 45.02%;1994 年财政性经费与非财政性经费之比为 4.6∶1,到 2001 年的时候降为 1.2∶1。其中非财政性经费主要来源于学费,以 2001 年为例,学费占非财政性经费的 84.4%。① 因此有学者指出,20 世纪 90 年代的政府"放权"实质上是摆脱高校对政府财政依赖的一个无奈选择。在一个财政经费日益紧缺的时代,政府的财政拨款显得弥足珍贵,大学对政府的依赖关系也就不会发生太大的变化。

三、我国"分权"改革要注意的问题

分权是世界高等教育的发展趋势,对于有着高等教育集权管理传统的国家来说有着重要意义。经过 30 多年的大学制度变革,我国高度集中的高等教育管理体制已经打破,在今后深化改革的过程中,继续下放和落实高校自主权是未来改革的方向,也是我国现代大学制度建设的重要内涵。针对我国以往大学制度变革的实践,在今后的大学制度变革中,需要围绕"分权"处理好这样几个方面的问题。

1. 在分权改革中处理好权责关系

从以上的分析可以看出,在我国高等教育管理体制改革中,通过分权的形式将财政责任移转给地方政府和高校,这在当时有其现实原因。改革开放初期为了调动地方发展经济的积极性,中央采取了"分权让利"的改革思路,激发了地方发展经济的热情,虽然经济状况日渐好转,国家实力日益增强,但中央财政收入在总财政收入中的比例却不断下降,从 1984 年的 40.5% 下降到 1992 年的 28.12%,到 1993 年的时候中央财政收入只占总财政收入的 22%。经过 1994 年的分税制改革后,中央财政占总财政收入的比例才开始回升。在财政收入下降的时候,中央政府面临各方面公共开支的巨大压力,只有采取下放财政负担的办法纾解困境,将之

---

① 刘彦伟,胡晓阳. 20 世纪 90 年代中后期我国普通高等教育经费来源结构的变动[J]. 高等教育研究,2005(6):34-39.

转移给地方政府来解决,因此教育、卫生等准公共服务就是首先被裁减的对象。在20世纪90年代后期,为缓解亚洲金融危机带来的影响,拉动国内需求,政府启动了加速高等教育大众化的举措。尽管当时政府对高等教育的财政拨款也在增长,但无法赶上不断涌入大学的学生人数的增长比例和扩大高等教育规模的资金压力,政府只能让高校向银行贷款来解决经费紧缺的困难。尽管国际上高等教育改革中的分权都伴随着财政责任的分担,但其比例都没有超出高校所能承担的范围。罗伟卿、黄佩华等分别撰文指出,中国的教育支出过分"分权",中国的教育支出有90%以上是由地方政府分担的,与国际上教育支出分权模式有很大不同。①在中央放权给地方之后,地方政府面对庞大的高等教育开支显得捉襟见肘,高等教育产业化成了高校的现实选择。从目前的现状来看,资源的分配还是一个大问题,如2002年中央政府投资了326.38亿元用于高等教育,但其中大多数投资都落入部属院校,而地方院校分得的比例相当少。处于经济发达地区的高校相对来说,获得的教育投资要多,而处于经济欠发达地区的高校就处境艰难。因此在今后的改革中,政府既要坚持改革的方向,也要着重解决好中央政府与地方政府的分权关系。

2. 在分权改革中要规范政府自身职责

"在中国高等教育领域占大部分的公立学校,政府虽然下放了过去高度集中的'权'以'扩大高校自主权',但与高校之间长期形成的隶属关系并没有发生本质的改变。"②当然,值得肯定的是,在"分权"取向的高等教育体制改革中,政府已经开始采用立法、拨款

---

① 罗伟卿. 财政分权对于我国公共教育供给数量与区域差异的影响[D]. 北京:清华大学图书馆,2011:1. 黄佩华. 中国能用渐进方式改革公共部门吗[J]. 社会学研究,2009(2):39-60.

② 卢乃桂,操太圣. 中国改革情境中的全球化:中国高等教育市场化现象透析[J]. 北京大学教育评论,2003(1):48-53.

等方式对高等教育进行宏观调控。现在高校在财政资源分配和人事任用方面已经享有相当大的自主权,但是如何在"分权"取向的高等教育体制改革中塑造出大学的自主性,这仍将是我国大学制度变革的一个重大问题。能否塑造出大学的自主性与政府的管理方式有很大的关系。分权改革不是政府置身高等教育管理之外,而是要求政府转变职能。在每一次与高等教育改革相关的重大文件中都会反复提到转变政府职能的问题,如教育部《2003—2007年教育振兴行动计划》中就屡次提及,"切实转变政府职能,强化依法行政,促进决策与管理的科学化和民主化","加快政府职能转变……建设相关配套制度,建立公共教育管理与服务体系。规范教育行政部门在政策制定、宏观调控和监督指导方面的职能,依法保障地方教育行政部门的教育统筹权和学校办学自主权"。但现实状况是,我国高校与政府之间还没有找到一个恰当的平衡控制点,因此在以后的大学制度变革中,政府要明确自己的定位,规范自己的管理职责,可以借鉴西方国家通过立法、拨款、评估等方式来对大学进行宏观调控。

3. 进一步加大分权改革力度

只有在转变政府职能的前提下,才能加大高等教育领域中的分权改革力度。"为了改革高等教育体系,教育部和省级主管部门应当迅速转变角色,从对正规高等教育体系的高度管制转向确保整个体系的质量和公平性","将教育主管部门的角色由教育提供者转换为教育质量的保证者,给予高等教育机构更大的自主权"。[①] 虽然我国在20世纪80年代就提出要给高校一些自主权,但这种分权是计划经济体制下对高校所赋予的灵活处置的权力,并不涉及双方的权责。20世纪90年代后,国家提出要建立社会

---

① 卡尔·J·达尔曼,让-艾立克·奥波特. 中国与知识经济[M]. 北京:北京大学出版社,2000:76.

主义市场经济,大学所获得的自主权有了实质性扩大,但由于政府和大学处于不对等的地位,所以在权责的分担上并不对等,很明显的是,大学的责任多于权力。劳凯声教授指出,意识到自主权问题是高校改革的核心,扩大高校自主权是高校改革的方向,这是我国高等教育改革最大的进步和贡献。[1] 因此在今后的改革中,分权改革的核心还是办学自主权,分权的改革不只是中央政府与地方政府之间的权力分配,更是政府与高校之间的权力分配问题,而落实到大学管理活动中的必然是大学自主权。

4. 处理好分权与自治的关系

虽然大学自治的范围和程度取决于政府的性质,但分权并不一定会提高大学的自治程度。1992年国际学术调查组对俄罗斯高等教育的调查结果显示,俄罗斯学术界大多数学者支持学术自由,但他们并不欢迎大学自治,90%的受访者认为应该由政府承担制定高等教育总体目标和政策以及提供高等教育经费的责任,同时他们也对院校管理缺乏民主文化而担忧,认为这会影响到学术自由。[2] 虽然俄罗斯经过了相当彻底的新自由主义改革,但调查结果表明俄罗斯大学教师对分权所带来的自治权并不欢迎。因为,分权实质上是给大学带来更多的自主管理权力,增强了大学内部的行政权力,特别对于学术自治传统较弱的国家而言,不仅没有增强学术基层组织的权力,反倒有所削弱。扩大自主权并非通过一纸行政命令就能实现,而是要经历一段长期的学习过程。实际上,它需要变革校园文化,而且经常是一个可能与政府的洞察与控

---

[1] 劳凯声. 高教体制改革中如何理顺政府与高校的法律关系[J]. 中国高等教育, 2001(20):15-18.

[2] Bain, Olga B. University Autonomy in the Russian Federation Since Perestroika[M]. New York & London: Routledge Falmer, 2003:119.

制的管理需求相冲突的敏感过程。① 在我国的大学制度变革中,一方面要增强高校的自主权,另一方面也要意识到增强高校的自主权并不必然带来学术权力的昌盛,应该采取措施鼓励和加强学术独立性。

第三节 我国大学制度变革中的"市场"

受政治意识形态影响,在很长一段时期内,"市场"都是一个敏感词。改革开放以来,随着人们对社会经济活动的认识逐渐加深,"市场"开始为人们所接受。政治意识形态制约着大学教育的指导思想、宗旨和内容等,而政治体制的改革在一定程度上强制性地推动着大学教育体制的改革。② "市场"进入我国高等教育体制改革议程,不是大学的自发行为,而是政府推动改革的结果。

一、"市场"的出发点

尽管直到20世纪90年代,"市场"才进入我国高等教育体制改革的话语系统,但其身影却可以追溯到1985年的《中共中央关于教育体制改革的决定》。国内有学者从不同的角度对我国高等教育领域中的市场化现象进行考察后指出,该决定中提出的"可以在国家计划外招收少数自费生"是我国高等教育市场化的源头。允许高校在国家计划外招收少数自费生,不仅是对计划经济体制的一种突破,而且也相当于承认了高等教育的商品属性,"市场"被首次引入我国高等教育领域。在20世纪80年代我国实现"有计

---

① 〔挪威〕波·达林.理论与战略:国际视野中的学校发展[M].范国睿,译.北京:教育科学出版社,2002:6.
② 张建新.高等教育体制变迁研究——英国高等教育从二元制向一元制转变探析[M].北京:教育科学出版社,2006:47.

划的商品经济"的体制下,高等教育"市场"虽然还显得羞羞答答,但已经被政府所默认,也为高校含蓄地接受。

我国高校最先获得的自主权就是经济上的自主权。1985年的《决定》指出,高校有权在计划外接受委培生和招收自费生,有权调整专业的服务方向,有权接受委托或与外单位合作进行科研开发,有权安排国家拨发的经费,有权利用自筹资金。这些自主权都关涉高校的经济利益,可以说高校在此次改革中获得了一定范围的办学自主权,也就是说高校获得了自筹资金的权利,使高校的"营利"行为得以合法化。在政府允许高校利用自身知识资源获取利益的背后,实际上是政府在办学经费不足的情况下所采取的现实选择。从1977年到1986年,教育事业经费占社会总产值的比例都在1.1%左右,这是远低于发达国家和一般发展中国家4%～5%的平均水平的。① 在国家财政投入不足的情况下,高校的经济自主权上成为了高等教育体制改革的第一个突破口。到20世纪90年代,我国明确提出建立社会主义市场经济体制的目标后,"市场"成为我国高等教育管理体制改革的主导话语。有学者评论,高校自主权的实质是获得主动争取资源的自主权,在国家资源减少的时候,市场为高校的生存发展提供广阔的空间。②

我国高等教育中的"市场化"是社会经济体制改革对高等教育渗透的结果。在从计划经济体制向社会主义市场经济体制转型的过程中,受制度同形压力的影响,"市场"在高等教育改革中获得了合法地位。1992年通常被视为中国改革开放进程中的一个分界点,而其后在1993年发布的《中国教育改革和发展纲要》则在多个方面体现了"市场"的改革逻辑。该纲要提出要改革和完善教育投

---

① 郭歆,夏晓勤.我国高等教育市场化的源头和动力——一种新制度主义分析[J].清华大学教育研究,2003(6):35-40.
② 郭歆,夏晓勤.我国高等教育市场化的源头和动力——一种新制度主义分析[J].清华大学教育研究,2003(6):35-40.

资体制,收取非义务教育阶段学生学杂费,要改变国家统一招生计划的体制,实现国家任务计划和调节性计划相结合,改变学生上大学由国家包下来的做法,逐步实现收费制度。另外,还要改变按学生人数拨款的方法,逐步实行基金制。这一时期,财政性教育经费占整个普通高等教育总经费的比重从 1994 年的 82.17% 降至 2001 年的 54.98%;而非财政性教育经费占整个高等教育总经费的比重从 1994 年的 17.83% 升至 2001 年的 45.02%,年均增长率为 37.71%,远远快于财政性教育经费。其中学杂费占整个高等教育总经费的比例从 1994 年的 11.85% 迅速上升到 2001 年的 24.66%。[①] 在提高办学效率的口号下,政府采取的这些"市场化"措施给高校带来了深刻变化,竞争机制也引入到高校内部改革中,高校在职称评定和工资分配中获得了更大的自主权。该纲要允许高校对教职工实现岗位责任制和聘任制,按照工作实绩在分配上拉开差距。并且特别指出,"评定职称既要重视学术水平,又要重视有使用价值的研究成果和教学工作、技术推广的实绩",不难看出,重视经济效益成为了高校内部改革的重要出发点。

二、"市场"改革的成效及不足

高等教育市场化无疑是当今世界的改革趋势,但是走在这个时代潮流最前列的应是中国高等教育的改革。[②] 在我国高等教育财政经费不足的情况下采取的市场化手段,给我国高校提供了谋求办学经费的合法途径。尤其在 20 世纪 90 年代中后期之后,我国高校展示了极强的"吸金"能力。从 20 世纪 90 年代初期,我国高校开始试点向学生收取学费;到 90 年代中期,学生的年均学费

---

① 刘彦伟,胡晓阳. 20 世纪 90 年代中后期我国普通高等教育经费来源结构的变动[J]. 高等教育研究,2005(6):34-39.
② 〔日〕金子元久. 高等教育发展的中国模式:来自日本的观察[J]. 徐国兴,译. 教育发展研究,2006(5A):24-28.

就到达 1500 元左右;而到 90 年代后期又涨至 3000 元左右;到 2002 年之后,年均学费水平达到 5000 元左右。根据教育统计年鉴数据计算,1997 年我国高校学杂费收入占全部收入的 15%,到 2002 年就占到 26%;计划外生源学杂费等收入所占的比例也从 1997 年的 5%上升到 2002 年的 19%;政府财政拨款所占比例明显下降,从 78%降至 51%。① 另外,受 1998 年高等教育"扩招"政策驱动,我国涌现出了大量的独立学院、民办学院,它们的年均学费高达 15000 元左右。从学费占学校收入来源的比例来看,我国高等教育的市场化程度已经高出了市场经济国家,生均学费占人均收入的比例也超出了发达国家的水准。高等教育领域中的市场化手段为我国高校大发展提供了大量资金,解决了财政投入不足的问题。在此格局影响下,一些民办院校也迅速成长起来,打破了公立高校一统天下的局面。另外,我国高校在毕业生就业制度、高校后勤社会化改革以及推动银行向高校贷款等方面都大胆地引入了市场机制。从这些角度来讲,我国高等教育市场化改革确实走在了世界前列。

然而,我国高等教育体制改革中的"市场"是片面的,或者说是不完全的"市场"。从我国高等教育的各种"市场"行为来看,主要表现为财政负担的转移,将原来由政府承担的财政责任交由高校通过"市场"来获取外界资源,但与市场机制相匹配的竞争机制、约束机制并没有相应地建立起来。没有竞争的市场不是真正的市场,要形成真正的竞争就必须使参与竞争的高校成为真正的法人实体。尽管《高等教育法》规定,高等学校自批准设立之日起取得法人资格,但由于受教育管理体制的限制,我国高校并不具备实质意义的法人资格,不能享受应有的权利。例如,高校在调节招生比

---

① 数据来源《中国教育统计年鉴》(1997/2002)[Z].//中华人民共和国教育部发展规划司.中国教育统计年鉴[Z].北京:人民教育出版社,1998/2003.

例、设置学科专业等学术事务方面都还没有获得充分的自主权,也就是说高校并不能根据市场需求、自身定位等因素进行及时调整,也就无法形成具有竞争性的市场环境。另外,在"市场"取向的高等教育体制改革中,一些高校受利益驱动,为谋求更多的资源会过度利用其"经济"自主权,从而在高等教育改革中出现背离学术价值的"乱象"。在高校"扩招"过程中,一些学校不顾自身实力盲目贷款建设新校区,背离教育基本规律大规模招生等问题都与"市场化"的政策有着直接关系。之所以会出现这些问题是因为在运用"市场"解决高校发展问题的时候,缺乏一套约束机制来规范市场行为。因此有学者指出,中国内地出现教育市场化可被理解为一种集体融资方式,以满足不断增加的对高等教育的需求。中国内地教育"市场化"主要是针对政府对教育投资的不足,故要动员非政府或官方渠道来创造更多学习和升学机会。[①]

事实上,我国将"市场"引入到高等教育体制改革中的原因与西方国家一样,即为了解决高等教育的财政困境,然而我国缺乏与市场机制相一致的制度环境,因此造成了我国高等教育过度"市场化"的弊端。杨东平在评价20世纪90年代中期以来我国的教育政策时指出,所进行的一些改革主要围绕着教育经费问题,兴奋点在创收、经营、学校办公司、高收费等方面,即舆论称之为"教育产业化"的思路,学术语言为"单纯财政视角的改革"。[②]

另外,"市场"取向的改革导致我国一些高校出现企业化倾向。我国高校缺乏学术自治的传统,在尚没有完全摆脱计划经济管理体制的情形下,又遭受到市场经济的冲击,这使我国一些高校在剧烈的社会变革中失去了自身方向。从宏观层面来看,市场化改革

[①] 戴晓霞,莫家豪,谢安邦. 高等教育市场化[M]. 北京:北京大学出版社,2004:46-47.

[②] 杨东平. 重温1985年教育体制改革精神[J]. 教师博览,2006(1):11.

首先要求政府解除对高等教育领域的管制,消除高等教育垄断,这个层次的市场化通常由政府主导;而在微观层面,市场化在于把高等教育变成一般商品,以满足消费者需求。而我国目前的情况是,在政府的强力改革推动下,教育活动面临危险,以高校的学费收入为例,我国高校的学费收入占高等教育总经费比例之高,在世界上堪称前列;并且大学的生均学费占国民收入年均收入的比重也大大超出了发达国家。然而,真正应该引入到大学中的市场机制却还没有达到预期目标,例如,通过收取学费来促使大学提高教育服务质量,通过市场竞争来提高大学管理效率等。

三、我国"市场"改革要注意的问题

市场介入大学是当前世界高等教育改革的趋势。在高等教育规模迅速扩展之后,在财政负担日益沉重的情况下,引入市场机制有其合理性。另外,通过市场机制也能提高高等教育的效率,满足多元化的需求。所以,现在很少有人再否认市场力量对高等教育的作用了。但对于我国市场环境不够完善,高等教育发展水平还不高的情形而言,在进行"市场"改革的过程中,需要着重解决这样几个问题。

首先,需要理顺政府与高校之间的法律关系,加强法制建设。市场经济需要法制,只有通过法律明确各市场主体的权责,才能更好地保护市场主体的利益,才能营造出公平自由的竞争环境。

市场机制要求规范政府行为。新自由主义者主张,市场化改革的一个前提就是要改变政府既当裁判员又当运动员的双重角色。

中国的市场经济体制改革虽然还不够完善,但已基本建成,其中一条重要的经验就是现在政府很少直接干预经济活动,而是采取宏观调控的方式来管理经济。同样的道理,高等教育的市场化改革也需要政府规范自身行为,尽量减少对高校的直接干预。

市场机制要求高校具有独立法人地位。法人的本质是作为民

事活动的主体享有独立的人格和自主性质。市场机制介入高等教育,要求高校成为市场主体,否则就不可能带来自由竞争。经过20多年的努力,我国高校的法人地位在法律上得到了承认,《教育法》、《高等教育法》等法规都明确了大学的法人地位和大学所享有的办学自主权。既然高校已经成为了面向社会独立办学的法人实体,那么政府就应该减少对高校的直接管理,而采取宽泛意义上的宏观调控。由于我国高等教育中的举办权、管理权和办学权之间的问题还没有完全彻底解决好,因此我国大学还没有真正成为依法自主办学的法人实体。在今后的改革中还需要加强法制建设,使高校的法人地位落到实处。

其次,市场化改革要求分散高等教育管理权。计划经济体制下,政府垄断了公共产品,公众只能被动接受。而市场机制的理论预设是,市场内部的有效权力是非中心化的,没有人为整个社会作出决策,所有人为自己作出的决定负责。因此在市场化环境中,分散决策的市场机制能够满足社会的多元需求,分权是市场化的内在需要,因此市场化改革要求分散高等教育管理权。

在高等教育规模扩大后,市场必然会进入高等教育系统,并且分权也会随之出现。从世界各国高等教育的发展来看,一旦高等教育进入大众化阶段后,即使发达国家也面临着难以负担不断增长的高等教育经费的压力,引进市场手段成为他们应对财政压力的现实选择。同时,面对庞大的高等教育系统,集权式的高等教育管理体制显得难以为继,多元的需求迫使政府改变单一的管理方式。伯顿·R·克拉克称这种现象为"潜行的市场",另外一些学者也注意到了这种趋势。例如,斯梅尔塞在研究加州公立高等教育系统后指出,当一个系统变得复杂时,如果权力继续归于中央机构,它就会变得难以管理;虽然最终的权力还属于那个机构,但必须将操作权下放。普伦福斯在观察欧洲大陆各国的高等教育系统后也指出,当国家对高等教育的规划越来越宏大的时候,地方的权力将越来越大。① 所以,在市场化的环境中,分权是必然的趋势。

在我国建设社会主义市场经济的过程中,分权不仅是市场经济的需要,也是政府职能转变的必然要求。张维迎认为,中国改革是一个市场化的过程,这个市场化可以一般性地理解为价格自由化、企业民营化,另外还有行政权力地方分权化。目前我国市场经济体制改革中出现的问题,并不是市场的问题,而是在市场化的过程中没有改革权力分配的结果,只有加快民主化进程,才能更好地发挥市场的作用。② 在我国大学制度改革中,应使大学获得更大的自主权,使利益相关者积极参与大学事务,这有助于形成一种多中心的治理结构。

再者,要分清市场的手段与市场的目的之间的区别,避免过度市场化。反对大学市场化的人认为,大学市场化会有损大学使命与精神,其实就是反对市场的目的;而赞成大学市场化的人认为,大学市场化能够提高大学运行效率,更好地满足社会需要,其支持的依据在于市场机制带来的积极效应。因此,"市场"取向的大学制度改革至少可以从这样两个层次来分析。

市场目的对大学制度改革的消极影响。市场理性的最终目的是追求利润最大化,这与大学的精神品格扞格不入,如果市场化改革将大学从学术组织转变为以出卖知识产品或知识服务为宗旨的机构,那么必将践踏大学精神,给大学带来灾难。诺贝尔经济学奖得主英国詹姆斯·米尔利斯于2004年6月在北京举办的"民营经济与中国发展国际研讨论会"上发表了以"市场机制的局限性"为主题的发言,他尖锐地指出:"我知道中国热衷于使用市场机制,并

---

① 〔美〕伯顿·R·克拉克. 高等教育系统[M]. 王承绪,等译. 杭州:杭州大学出版社,1994:183-184.
② 张维迎. 中国经济转型重在依靠市场逻辑[EB/OL]. http://news.xinhuanet.com/fortune/2010-11-24/c_12809985.htm

且可能对于使用市场机制有些过度了。"①他所指的市场机制,其实就是指市场手段被滥用于许多不适合的地方,导致盈利性目的冲击了非营利组织的公益目标,如学校、医院等机构。尽管中国高等教育的市场化政策体现了市场化的潮流,但从其内容来看,与西方国家的高等教育市场化有着很大的不同,中国的市场化是片面的。正是在这个意义上,有研究者指出,中国政府对私有化、市场化策略的运作,与西方流行的新公共行政运动有所不同,后者秉持新自由主义哲学,强调政府行为基本价值的改变;而在中国,市场化策略无非是一种可资利用的工具性资源,政府引入市场机制,其目的就在于提高教育管理的效率,同时减轻自身的财政压力。②特别是在满足社会多元需求的过程中,大学不能以是否盈利作为衡量学术活动的标准,尤其在这样一个重视"大学功用"的时代,首先不能忘记大学是一个学术组织。

运用市场手段提高大学运行效率,是大学进行市场化改革的基本出发点。厉以宁曾经指出,"教育发展必须引入经营理念,即教育者要学会创造和开发资源,使教育机构具备自我生长、自我积累的能力,允许一些学校引入市场机制"③。市场机制的核心是通过价格机制、自由竞争来实现社会供需平衡,这有利于提高资源配置效率。而在我国的高等教育改革中,"市场"更多地被用于筹资方面,而在资源分配方面,市场机制还没有完全发挥出作用。而西方国家在市场化的改革中,政府不再采用院校拨款的形式,而是通过直接向学生拨款,由学生"用脚投票"来决定高校的资源分配份额。

---

① 〔英〕詹姆斯·米尔利斯.市场机制的局限性[J].经济学动态 2004(8):6-9.
② Mark Bray. (1999) Control of Education: Issues and Tensions in Centralization and Decentralization[A] J. Robert Arnove & Carlos Tortes. Comparative Education: The Dialectic of the Global and the Local. Lanham: Rowman & Littlefield Publishers. pp207-232. //卢乃桂,操太圣.中国改革情境中的全球化:中国高等教育市场化现象透析[J].北京大学教育评论,2003(1):48-53.
③ 厉以宁.关于教育产业化的几个问题[J].北京成人教育,1999(7):6-9.

从我国目前的市场化改革来看,我国高等教育中的市场机制还没有真正发挥出作用;而我们市场化改革中出现的问题,恰恰在于我们误用了"市场",选择了"市场的目的"——营利,而忽视了大学的基本特性。

中国的大学制度变革面临着市场化的压力,这是无法回避的趋势。但需要深入思考的是,大学在市场化环境中如何保持其特质,而不至于成为社会的风向标。据 2011 年《瞭望》新闻周刊报道,国家高层就推进事业单位分类改革作了全国性的整体改革部署。根据事业单位的职责任务、服务对象和资源配置等情况,此番改革将从事公益服务的事业单位划分为两类。承担义务教育、基础性科研、公共文化、公共卫生及基层的基本医疗服务等基本公益服务,不能或不宜由市场配置资源的,划入公益一类;而承担高等教育、非营利性医疗等公益服务,可部分由市场配置资源的,划入公益二类。因此,高校属于准公益类事业单位,允许其一定程度地通过市场来配置资源,但不允许进行以营利为目的的生产经营活动。可见,经过这么多年的摸索,我国对高等教育市场化已经有了较为成熟的看法。

最后,市场改革中必须处理好政府与市场的关系。政府、市场都只是管理的手段,任何一种手段都有其优势与不足,因此在发挥市场优势的过程中,政府也要加强监管以弥补市场的不足。

应该意识到,我国大学制度变革中的市场不同于西方国家。例如,美国公共领域中的"以市场化为取向"的改革,实际上是在市场经济已经发育很成熟的前提下,减少政府干预,让经济主体充分利用市场机制去配置资源,并且在公共服务的供给领域引进市场机制;而中国的"以市场化为取向"的改革,实际上是指从非市场体制的计划经济,经过艰难的转型走向市场经济。① 西方国家在新

---

① 陈振明.政府再造——西方"新公共管理运动"述评[M].北京:中国人民大学出版社,2003:103.

自由主义思潮的主导下压缩公共事业开支,把市场机制引入到大学管理之中,是为了促使大学提高应对社会多元需求的压力。而我国是在经济发展状况还很落后的情况下,又面临发展高等教育急需大量经费的情况下不得已而采用的"市场化"筹资方式,因此我国的高等教育市场化与西方国家着实是有区别的两件事,西方国家是"过剩",而中国是"不足"。

在我国市场经济还不够完善的情形下,尤其是在市场机制嵌入高等教育改革与发展的过程中,政府需要加强对市场的监管。西方国家在进行新自由主义改革的过程中,对公共部门采取了私有化或非国有化的政策,但这并不意味着政府完全退出公共领域,从另外一个方面来看,政府反倒加强了监管。例如,英国在私有化了的公共事业部门都建立了独立的管制机构,制定相关法律来保障公共利益。新公共管理研究者奥斯本和盖布勒也指出,政府不直接提供服务,但仍担负保证公民需要的责任,倘若政府放弃"掌舵"的职责,灾难将接踵而来。目前,我国的市场环境还很不完善,政府尤其需要加强对市场的监管,确保自由竞争环境。对于当前我国高等教育中的市场化乱象,政府应该加强法制建设,通过"有形的手"来协调市场竞争中的"无形的手"。市场经济体制下高等教育运行的理想模型应该是,市场在高等教育资源配置中发挥主导作用,政府作为市场的监护者,负责市场的制度规范和政策环境,并通过宏观政策来调控高等教育运行。

在我国市场经济环境不够完善的条件下,要协调好政府与市场的关系。中国政府既是市场规则的制定者,又是市场经济活动的参与者。当前中国的市场是嵌入在政治权威结构之中的市场,其制度基础远远偏离了韦伯和新制度主义经济学家所设想的那些理想的制度前提。我国的大学制度变革以国家干预、政府主导为特征,政府是推进改革的唯一合法者,同时政府又还直接参与高等教育管理,因此在这样的情况下,虽然市场机制已引入到高等教育中,但其有效配置资源的效果并没有充分体现出来。"总而言之,一方面在教育领域引进市场机制,一方面政府依然主导教育发展的进程,这就是中国高等教育市场化的基本特征。在这里,充分体现了民族国家作为有着独立目标和利益的社会行动者,在面对全球化挑战时所表现出来的能动作用。"①在这种复杂的情况下,既要强化政府责任,又要充分释放市场活力,这就要求政府要协调好与市场的关系。

有学者指出,现代大学制度具有两方面的特征:"一方面要使大学具有充分的自主权、灵活性和创造力,能够主动适应正在建立和不断完善的社会主义市场经济体制,能够承担起增强国家综合竞争实力,为建设全面小康、和谐社会提供人才和智力支持的历史使命;另一方面要遵循教育的自身发展规律和作为'学科共同体'及'高素质人才密集地'的高等院校的办学规律,充分尊重知识分子的劳动特点和心理特征,解放教育生产力,激发师生的创造力。"②也就是说,现代大学制度既要给大学自主权,也要尊重大学作为学术组织的基本原则。通过以上分析可以看出,我国以"分权"和"市场"为价值取向的大学制度改革在一定程度上推进和深化了大学自主权改革,但在改革过程中对大学组织的学术性兼顾不够。应该指出的是"分权"和"市场"取向的大学制度变革对我国高等教育改革有着重要意义,这仍将是我国今后深化大学制度改革的方向,但在大学制度变革中,首先要尊重大学作为学术组织的基本特性。

---

① 卢乃桂,操太圣.中国改革情境中的全球化:中国高等教育市场化现象透析[J].北京大学教育评论,2003(1):48-53.
② 赵曙明,龚放等.建立现代大学制度的重要之举——深化我国高校人事制度改革的政策建议[J].高等教育研究,2005(4):18-24.

第六章　大学制度变革的未来展望

　　大学自中世纪赓续至今,其发展进程从未中断。尽管现代大学与中世纪大学仍共用同一个名称,但在许多方面却已悄然改变。大学的发展史表明,大学一直处于不断的变化之中。不同的时代有不同的大学形态,在不同大学形态更替的背后,实质上反映的是大学制度的不断演进与变革。在当今世界高等教育改革与发展的洪流中,各国大学都经历着时代性的剧变,面临着很多具有共性的问题与挑战,表现出众多相似的发展趋势。无疑,大学制度是最能反应大学变革的一个重要方面,而且大学制度也正在发生着前所未有的深刻变革。

　　美国教育家西奥多·姆·赫斯伯格曾经这样说过:大学是所有社会机构中最保守的,但也是人类有史以来最能促进社会变革的机构。① 说大学是最为保守的机构,意味着大学有着自身的内在逻辑,不因世事变迁而湮没于历史长河之中。如果大学要继续存在下去,就必须遵循其内在逻辑。另外,说大学是最能促进社会变革的机构,表明大学本身也在发生变化,并且还牵动着社会领域中其他方面的变革。大学集保守与变革的特性于一身,才得以历千年而不衰,这无疑是历史留给我们的启示。要让大学基业常青,大学制度的变革之道在于既要坚持大学制度的基本原则,也要以多元的价值观来平衡社会对大学的价值诉求。只有政府、市场、大

---

① 〔美〕伯顿·R·克拉克.高等教育系统[M].王承绪,等译.杭州:杭州大学出版社,1994:203.

学三者各归其位,才能为大学制度变革营造良好的制度环境。

第一节 大学制度变革的基本原则

坚持大学制度的基本原则,就是要遵循大学的内部逻辑。任何一个组织都有其自身的内部规律,否则就无法实现它的基本功能。对于大学这样一个学术性组织而言,学术性是它区别于企业、政府机构等组织的根本属性,因此维护大学的学术性也就是大学制度变革的基点。

大学自治和学术自由是大学完成自身使命的必要条件,并不是大学和学术界成员的特权。美国经济学家维布伦认为,探讨高深知识是大学不证自明的目的,它与上帝的荣誉和人类的利益都毫不相关,假如大学失去了大学自治和学术自由,那么人类也就不可能在探寻真理的道路上有任何成就。① 大学自治和学术自由的基本原则为现代社会所广泛认同,也一再被学术组织和机构所强调。1988 年,在庆祝博洛尼亚大学 900 周年的时候,欧洲大学校长们签署了一份《大学宪章》的文件,提出了大学的四项基本原则,其中两项直指大学自治和学术自由,"在由于地理和历史传统因素而形成的不同社会里,大学是一个自治的机构(为了世界的需要,大学的研究与教学必须在道义上和智力上独立于整个政治权威、经济权威和思想意识权威)","研究、教学和培训的自由,是大学生活的基本原则,政府和大学必须在各自职责范围内,保证尊重这一基本要求"。② 1998 年联合国教科文组织发表的《世界高等教育宣

---

① 〔美〕约翰·S·布鲁贝克.高等教育哲学[M].王承绪,等译.杭州:浙江教育出版社,1998:14.

② 王晓辉.全球教育治理:国际教育改革文献汇编[C].北京:教育科学出版社,2008:17-18.

言》中也指出,大学自治和学术自由是 21 世纪大学发展的永恒原则。

一、学术自由

历史学家指出学术自由与中世纪大学相伴而生,然而明确提出现代意义上的学术自由,并将之确定为大学学术活动的基本原则的,还得以 1810 年成立的柏林大学为标志。当时,学术自由的含义相对宽泛,主要可以分为"教的自由"和"学的自由"。柏林大学的成功,吸引了众多效仿者,然而不同的国家对学术自由有着不同的理解,甚至同一国家的不同大学对学术自由的理解都有着显著差异。1915 年成立的美国大学教授会(AAUP),出于保卫学者权利的目的,发表了《关于学术自由和教授任期的原则声明》,其中对学术自由阐释如下:"允许学者追求学术研究而不管研究将导向何处的自由;与研究生一起探索深奥的和有争议的思想观点的自由;在校外在本专业的范围内发表意见的自由;就一般的社会和政治问题以体面的适合于教授身份的方式发表意见的自由。"[①]这是大学史上第一份有关学术自由的报告。

尽管学术自由被视为现代大学的一个普遍性原则,但是不同的组织和机构对其也有着不同的定义。即便是最早发表学术自由报告的美国大学教授会,在 20 世纪 70 年代的时候,也在不断根据新形势对学术自由的规定进行修订。总体看来,学术自由的概念处于流变之中,此次他们指出:"教授有权探索知识,不管这种探索可能导向哪里,但同时他又有责任完全地、准确地报告研究成果;教授有在其观点和材料不受审查的条件下执教的权力,只要他不超出大家公认的其所属那个专业领域;教授有不受束缚地在公共

[①] 陈学飞.美国、德国、法国、日本当代高等教育思想研究[M].上海:上海教育出版社,1998:94.

场合发表讲话的权力,只要以个人的名义而不是作为其所属大学的代表。"[1]显然,这次美国大学教授会关于学术自由的规定比其1915年的声明更为谨慎,且更加强调教授的责任。事实上,在许多情况下,学术自由都只是一个定义较为宽泛的原则,如1988年联合国教科文组织发表的《关于高等教育机构学术自由和自治的利马宣言》,该宣言指出"学术自由"是指学术共同体成员,无论个人或集体,在通过探查、研究、探讨、记录、生产、创造、教学、讲演以及写作而追求、发展、传授知识的自由。

虽然对学术自由的理解各不相同,但世界各国对学术自由的认识基本趋于一致。我国学者李子江在对学术自由的历史做过深入研究后指出,关于学术自由有三种代表性观点。第一种观点认为,学术自由是高校教师或学者个体的自由,主要是指教师或学者的教学、研究自由和学习自由;第二种观点认为,学术自由即学术自治,指整个学术机构不受外界不合理控制、干扰的权利;第三种观点认为,学术自由包括机构的自由和个体的自由。[2] 据此,可以将学术自由理解为大学师生在进行学术活动时享有的自由权利,他们在享受这种自由权利时不受外界不合理地控制,因此学术自由是大学组织的基本要求。

学术自由的适用主体是大学师生。大学是一个学者社团,他们以探究高深知识为使命,故此大学成员应被赋予一定的保障条件。学术自由给大学教师提供了这样一个基础,使他们不会因为触犯政治威权、世俗惯例等外在压力而放弃追求真理。

学术自由的适用范围是大学师生的学术活动。美国卡内基教学促进基金会前主席博耶在考察"学术"之后指出,大学的学术活

---

[1] 陈学飞.美国、德国、法国、日本当代高等教育思想研究[M].上海:上海教育出版社,1998:95.

[2] 李子江.学术自由问题研究的现状和趋势[J].高等师范教育研究,2003(4):68-73.

动不仅指科学研究,而且还包括实践调查,在理论与实践间进行沟通的工作,并且还包括向学生传授知识的活动。因此他根据大学教师学术活动的四种功能,将学术分为发现的学术活动、综合的学术活动、应用的学术活动和教学的学术活动。无论哪一种学术活动,都不是简单的操作性技能活动,都是有关真理的认识性活动,而在探讨真理的过程中,最需要的就是要有自由宽松的氛围,因此学术自由是大学中的教学、研究等与知识紧密相关的活动离不开的基本原则。

学术自由的主要表现形式包括思想自由、研究自由、教的自由、学的自由、言论自由和出版自由。其中,研究自由、教的自由、学的自由、言论自由和出版自由都以思想自由为基础,是思想自由的表现形式。思想自由是学术自由的基本出发点,是学术自由的精髓,缺乏思想的自由,就不可能产生真正有价值的学术成果。

二、大学自治

自治是大学最悠久的传统之一,是大学之所以形成的基本组织原则,时至今日,自治仍被视为大学最重要的权力。中世纪大学不仅能独立决定大学内的学术事务,大学成员甚至还享有免受世俗司法管辖的特权。今天大学的自治权和中世纪大学相比已经有了很大区别。1965年国际大学协会认为,大学自治包括人事的自治、学生选择的自治、教学课程的自治、研究计划的自治、经费分配的自治。联合国教科文组织在1988年发表的《关于高等教育机构学术自由和自治的利马宣言》中指出,"自治"指高等教育机构在国家和其他社会力量面前的独立性,在其内部管理、财务、行政方面作出决定,并制定其教育、研究、附属部门工作以及其他相关活动方面的政策。[①] 美国卡耐基高等教育委员会认为大学自治主要包括制定资金使用于特殊之目的;支出费用仅受审计上的监督;决定大学雇员的分配、工作负担、薪金升迁;选择教师、行政人员及学生;建立有关等级、学位授予、开设课程及发展规划上的学术政策;研修有关学术自由、成长比率及研究和服务活动的行政之政策等。[②] 一些学者研究大学自治的历史与现状后提出了他们的观点,剑桥大学前副校长埃里克·阿什比将大学自治的要素和范围概况为六个方面,一是在学校管理中抵制非学术干预的自由;二是学校自主分配经费的自由;三是聘用教职员并决定其工作条件的自由;四是招生的自由;五是课程设计的自由;六是决定考试标准与方式的自由。[③] 伯顿·R·克拉克的观点与阿什比基本一致,他认为大学自治包括机构管理、资金控制、教职员聘任、招生、课程、评价六个方面。总的来说,现代意义的大学自治主要指大学能够独立自主地决定大学学术事务的基本权力。

大学自治是大学的内部权力。大学的自治权只能对大学内部人员与内部事务发挥影响,不会对外部产生任何强制性作用。根据伯顿·R·克拉克的论述,大学内部有两种权力,即扎根于学科的权力和院校权力。扎根于学科的权力与高深知识紧密相关,因此其权力行使的主体是大学内部学术人员,由他们决策和管理学科专业事务,其权力的合法性以作为学科专业的代理人而存在。而院校权力包括董事权力和官僚权力,这涉及大学机构管理,虽然院校权力不直接与高深知识发生关系,但它通过资源分配等方式

[①] 王一兵.大学自主与大学法人化新诉求——全球化知识经济带来的挑战[J].高等教育研究,2001(5):10-15.
[②] 周志宏.学术自由与大学法[M].台北:蔚理法律出版社,1998:121.
[③] Ashby E, Anderson M. Universities: British, Indian, African-A Study in the Econology of Higher Education. London: Weidenfeld & Nicolson, 1966:296. // 许杰.政府分权与大学自主[M].广州:广东教育出版社,2008:30.

对学科和专业发展施加影响。① 尽管院校权力的管理对象是大学内部事务,但来自大学外部的因素也会通过董事会或院校官僚阶层等形式将外部的影响传导到大学内部,这表明大学自治是不可能不受到外部干预的,大学没有绝对的自治。

大学自治是指大学管理教学科研、人事聘任、招生考试、资金分配、院校发展等事务的权力。正如美国最高法院在1957年史威兹诉新罕布什州案的判决中所提出的,大学享有四个方面的自由权,即谁来教、教什么、如何教、及谁来学。实际上,这四个方面的自由权对应着师资、课程、教学、招生等方面的权力,这些权力直接关系着大学教学科研活动。因为其他人不具备评价高深知识的能力,因此谙熟这些高深知识的学术人掌控学术事务的裁判权有着天然的合理性。为保障这几项基本权力,大学还必须为学科专业发展提供资金,协调与维护学科专业发展的环境,这些与学术事务相关的院校管理也属于大学自治的范围。

大学自治是指大学能够自主决定大学的内部事务,至少应最大限度地免受外部干涉。在大学管理中,外部力量对大学的干预有可能给大学造成严重的后果。知识的生产与传播离不开自由的空间,而任何对自由的压制都不利于学术活动顺利展开,必将抑制学术创新,扭曲大学的独立精神。现代社会,大学与社会的关系越来越密切,社会的发展离不开大学所提供的人才和知识。另一方面,大学的发展要以承担相应的社会责任为前提,需要回应社会需要。当大学在对社会需要作出回应的时候,实用的逻辑必将和知识的逻辑之间有所冲突,从而使自治精神受到威胁。伯顿·R·克拉克从办学资源的角度也指出,真正的大学自治必须要有财政

---

① 〔美〕伯顿·R·克拉克.高等教育系统[M].王承绪,等译.杭州:浙江教育出版社,1994:124-131.

上的独立来保证,它要求大学不依赖于任何一个投资者。① 这样大学才能最大限度地保持独立自主的地位,免受外部势力对大学学术事务的干预。

第二节　多元价值观下的大学制度变革

大学变革是一个世界性的趋势。尽管各国大学变革的原因不尽相同,但全球大学几乎都面临着一些相似的难题,如财政紧张、效率低下。在各种社会力量的推动下,20世纪80年代以来各国政府在公共领域采取了新自由主义的政策措施,作为社会公共机构的大学也无法置身变革的洪流之外,因此在外部制度环境发生变化的情况下,大学制度也势必会发生变化。从目前的情况来看,新自由主义在给大学带来了效率的同时,也引发了不少问题,人们对其的评价毁誉参半。那么,大学制度变革的未来趋势是会更加彻底的市场化,还是会回到纽曼的大学理想抑或洪堡的柏林大学呢?

一、多元是大学制度的组织特点

从历史的角度看,大学是多种力量冲突的结果。处于萌芽阶段的中世纪大学是一个相当松散的机构,经常受到教会或世俗政权的干涉。而那些大学师生为了维护自身利益,仿效城邦中的手工业行会集结成一个类似的行会组织。出于安全与利益的需要,他们与教会或世俗政权既联合又抵制,特别是当教会和世俗政权发生冲突的时候,两边都会来拉拢大学。在这种冲突的环境中,自治作为大学的基本组织原则有着其现实合理性,所以不难理解很

---

① Burton R. Clark, Guy R. Neave. Encyclopedia of Higher Education[Z]. Cubberley Education Library, 1992:1388.

多中世纪大学都有自己的司法裁判权。尽管神学在中世纪大学里占有重要的地位,但文学、法学、医学等学科也是大学的重要组成部分,它们之所以能在一个大学里共存下来,并不是知识的内在逻辑使然,而是出于维护学者行会的共同目的,因此,在外部的压力下各学科选择了共存的组织形式。所以英国史学家哈罗德·珀金在研究中世纪大学史后指出,大学诞生在一种无论在政治、精神方面还是在知识学问方面都处于分裂状态的独特文明之中。①

从大学的发展来看,大学是一个既统一又多元的机构。大学历千年而不衰,被誉为世界上历史最为悠久的组织之一。尽管现代大学与中世纪大学在众多外在形式上极为不同,但大学的基本原则并没有改变。虽然大学生存的外在环境已经发生了天翻地覆的变化,但大学却在急剧变迁的时代中生存了下来,原因在于大学能够顺应周围环境的变化。多元性是大学的生命力之所在,使得大学组织不会因为单一性而遭到淘汰。多元的可能使大学能够满足社会的多元需求,尤其在变革时期,多元的价值选择更能向社会提供有思想的建议。埃里克·古尔德从大学文化的角度指出,大学文化看起来像乐谱的合奏,在这里相互竞争的影响力以及各种不同的含义都可以被看到并被解读,好像它们总是呈开放的状态等待人们去解读。② 而学术自由、大学自治的基本原则正是大学中的多元性能够得以存在的组织根基。

从大学的职能来看,大学是一个具有多重目标的组织。阿什比指出:"大学已成为多目标的机构,而且在近七个世纪以来,大学的职能也一直在增加。大学原来仅是培养专业人员的神学院,以后又增加绅士培养场所、研究院、社会服务站和社会革命摇篮的职

---

① 〔美〕伯顿·R·克拉克.高等教育新论:多学科的研究[M].第二版.王承绪,等译.杭州:浙江教育出版社,2001:26.
② 〔美〕埃里克·古尔德.公司文化中的大学[M].吕博,张鹿,译.北京:北京大学出版社,2005:16.

能。现在所有的大学都不止承担上述一种职能,有些还想承担更多。大学适应社会发展的问题使得大学的职能变革更为突出,以至于大学的每种适应职能都要求大学对社会作出不同的反应。"[1]克拉克·克尔在分析现代大学的职能后指出,大学有三大职能,即与生产相关的职能、与消费相关的职能、公民性职能,在这三大职能之下又可细分出 11 种职能。[2] 现代社会的发展使大学不再只是进行人才培养的教学机构,在适应社会发展的过程中大学通过调整自身结构功能使其承担的社会职能日益增多,多重职能使大学成为一个多目标的组织。

从现代大学的组织形式来看,大学是一个混合体。中世纪学者行会是大学的最初形式,在与教会和世俗政权的斗争中学术自治的组织原则被确定下来。然而大学自治并不代表每位教师或学生都平等地享有管理大学的权力,事实上,大学如同教会一样有着等级结构,大学的权力把持在学术权威的手中。近代以来,随着大学规模扩大,大学管理活动日渐复杂,大学出现了专门的行政机构来管理大学日常事务,科层制的管理结构为大学良好运转提供了组织保障。对此,美国学者霍夫曼这样描述,今日的大学是昔日学术自治、宗教等级与今日官僚体系的混合体。这种混合体也是大学能够适应社会变迁的一个重要原因。西蒙斯在对大学史作过深入研究后发现,"如果一种价值观(例如,把大学变成一种政府机构,或'象牙塔',或职业学校,或完全封闭的科学机构)占据了优势,并长时间地和非常明显地打破平衡,那么,张力就会失去其创

---

[1] Eric Ashby. Adapting Universities to a Technological Society[M]. London: Jossey-Bass Publishers, 1974:146.

[2] Kerr Clark. The Great Transformation in Higher Education[M]. State University of New York Press, 1991:58-59.

造力,反而会导致懈怠以及极度的浅薄和无益的焦躁"①。所以,大学作为一个多种组织形式的混合体显示出了其强大的组织生命力。

伯顿·R·克拉克曾用合理多余度的理论对高等教育组织的多元性作过解释。他认为多余度不仅在生物学体系和物理学体系中具有价值,而且对组织也有重要价值。一旦组织的某些规则被打破或部分运转失灵的时候,多元的组织是不会崩溃的。法国社会学家涂尔干对大学组织持有和伯顿相似的观点,他也认为统一性和多样性是构成大学自中世纪以来能够自发演进并生存下来的证明,它既充分保持了个性,又服从和适应了形势和环境的全部变化。因此,多元是大学的基本组织特性,也是大学制度变革中必须遵循的一条基本组织原则,否则就有违大学制度的演进逻辑。

二、多元的大学与多元的价值诉求

克拉克·克尔在1963年哈佛大学戈德金讲座上的著名演讲中使用了这样一个比喻,他说传统大学是"一个居住僧侣的村庄",现代大学是"一座由知识分子垄断的城镇",而当代大学则是"一座充满无穷变化的城市"。尽管他没有直接言明这三种大学之间的差别,但却间接地隐喻了当代大学的多元价值取向。并且,克拉克使用"多元大学"一词来明确指代那些具有新特质的当代大学,譬如他指出:"现代大学是一种多元的机构,在若干种意义上的多元;它有若干个目标,不是一个;它有若干个权力中心,不是一个;它为若干种顾客服务,不是一种;它不崇拜上帝,它不是单一的、统一的社群;它没有明显固定的顾客;它标志着许多真、善、美的幻想以及许多通向这些幻想的道路;它标志着权力的冲突,标志着为多种市

---

① 〔比利时〕希尔德·德·里德-西蒙斯.欧洲大学史(第一卷中世纪大学)[M].张斌贤,等译.保定:河北大学出版社,2008:前言16.

场服务和关心大众。"①实际上,多元大学是大学回应社会多种需求的结果。尤其是现代社会,在各种力量的推动下,大学不可能保持单一的思想和功能,当代大学必须有着复合的使命。从影响大学发展的主要力量来看,大学至少面临着来自政府、社会、学生等主体的多重价值诉求。

政府是公共事业的管理者,肩负着提高办学效率、保障高等教育质量、维护高等教育公平的责任。高等教育进入大众化阶段后,大学管理出现了诸多前所未有的新变化,在办学规模扩大的同时,政府对高等教育的财政资助并未跟上学生人数增长的步伐,大学普遍面临着资金紧缺的压力,提高办学效率成为政府对高等教育的基本要求。教育是国家实力的重要方面,高水平的大学教育能够为国家发展培养大量高素质的人才,贡献高层次的科技成果,进而满足经济社会发展的需要。在高等教育规模扩大的情形下,保障高等教育质量显得尤为重要,因此重视对大学进行质量评价成为各国高等教育管理的重要职能。另外,享有公平的教育权是民主社会的基本要求,而只有政府才具备保障公民平等受教育权的能力。因此,政府对大学也有着多重的目标与诉求。

社会要求大学提供生产急需的科技成果,解决生产生活中的实际问题。现代社会发展离不开科技进步,而大学是最能提供新知识的场所。但大学往往囿于传统,不能及时满足社会生产的实际需要,致使大学与社会之间始终存在着无形的障碍。以日本为例,在20世纪80年代的时候,日本企业投在国外大学的研发经费比投在国内大学的要多得多。并不是日本大学不具备进行企业研发的能力,而是日本大学出于管理体制的原因,无法在大学与企业之间建立起密切联系的合作关系。那么在国内大学无法满足企业

---

① 〔美〕克拉克·科尔. 大学的功用[M]. 陈学飞,等译. 南昌:江西教育出版社,1993:96.

界基本需求的时候,他们的眼光必然会投向国外。因此,企业界也成为推动日本国立大学法人化改革的重要力量。迈克尔·吉本斯将大学的传统知识生产方式称为知识生产模式 1,而将社会各主体参与知识生产,根据市场需要来生产知识的方式称为知识生产模式 2。倘若大学不能对企业界或社会的需求作出积极回应,大学势必在知识经济时代趋于没落。所以,在这个多元需求的时代,大学必须满足来自它们的需求。

学生也是大学不得不认真面对的一个重要群体。在高等教育大众化阶段,学生有着多种需求,他们作为消费者对大学发展产生了重大影响。学生的课程需求直接决定着大学某个系科的扩大与收缩,学生的多样化兴趣与大学专业的增设与衰减有着直接关系。在市场化条件下,政府改变了对大学的财政投入方式,依据招生人数及学生的学业表现来决定大学获得财政经费的数量,因此生源充足且学生成绩优秀的学校从政府得到的经费就多。学生通过"用脚来投票",体现出了他们所具有的间接财政分配权,因此,大学不能忽视学生的感受,正如斯塔德特曼所指出的,高等教育多元化能够扩大学习者学习的选择范围,使学习者真正地具有自由选择的权力,满足学生的需要;使院校能够及时回应社会的多元需求,有效地完成院校使命;多元化还是院校自治的一个先决条件。①

在这个需求多元的时代,大学扮演着多重角色,诚如有人形容的那样,大学既像教堂又像汽车推销商。安东尼·史密斯和弗兰克·韦伯斯特指出,作为理性和价值中立的模式的学者共同体已经陷入到致命的学术派系之争中,政治结构要求大学直接解决社会问题,学生要求大学尊重他们作为消费者的利益,而社会的产业

---

① R. Birnbaum. Maintaining Diversity in Higher Education[M]. San Francisco: Jossey-Bass,1983:1-2.

组织则希望大学为其培养大量的民主管理精英和科学家,以满足其应付全球经济竞争的需要。[①] 多重目标的相互冲突,使大学遇到了前所未有的人格分裂困境,这是传统大学所未经历过的。传统大学可以不问世事,在"象牙塔"中潜心研究学术,外界对大学并不会产生太大影响。然而,当大学成为社会服务站之后,社会的多元价值诉求使原有的大学制度面临着合法性威胁。而要获得合法性,大学必须以满足社会的多元价值诉求为前提,否则就将处于一种对抗状态。简而言之,当代大学既要履行大学的学术使命,也要顺应时代发展趋势,满足多方面的需要。

三、多元价值观是大学制度变革的现实选择

多元价值观既是外部对大学多元需求的反映,也是大学内部应对外部压力的现实选择。教育是一项公共事业,即使处于新自由主义背景之下,人们在重新审视高等教育的属性之后,也未完全否认高等教育的公益性。大学变革关乎众多利益相关者,然而在现代民主社会,其改革决策必然要反映多元利益主体的需求。从大学的角度看,现代大学面临着如何处理学术与社会需求关系的问题,由于两者之间有着不同的价值旨趣,作非此即彼的抉择必然会导致其中一方利益受损,因此如何平衡它们之间的关系就需要采用多元的视角。

有人指出多元价值将使大学处于分裂之中,多元的价值取向会瓦解大学作为一个学者社团的理想。因此,当面对当代大学所出现的诸多问题时,不少人通过怀念纽曼时代的大学、洪堡时代的柏林大学来表达自己对现代多元大学的不满。事实上,如前所述,即使纽曼时代的大学、洪堡时代的大学也并不完全是一个统一体,其中也暗含了多元的要素,只不过在他们那个时代,这种多元的要

---

① 阎光才.识读大学:组织文化的视角[M].北京:教育科学出版社,2002:250.

素并没有得到完全展露而已。正如以赛亚·柏林所指出的,一般情况下人类更愿意接受价值一元论的生活方式,尤其是作为人类精神殿堂的大学,人们更愿意它是一个一元化的组织,因为"价值一元论及其对一个单一标准的信仰,总是能给人在理智上和情感上都得到最大的满足之情"。① 大学以追求真理为使命,这使很多人误以为只要实现了这种终极价值,那么其他价值早晚都会实现,这种观点实际上暗含着这样一个假设,即所有美好价值都是能够统一的。关于一元化的理论预设,马克斯·韦伯曾以真善美统一说为例予以了有力的反驳,他说一事之所以为美,恰恰因为其不真不善,而且唯其不真不善,才成其为美,一事之所以为真,恰恰因为其不美不善,而且唯其不美不善,方成其为真……真善美根本就是相分离而非相统一的。据此韦伯认为,"这是一个极其平凡的道理",而且只不过是"诸价值领域诸神斗争的最基本事例而已"。②

　　加拿大学者迈克尔·富兰在研究过众多的学校变革之后发现,多样化本身并不具有任何意义,重要的是多样化之间的合作,合作也意味着冲突的发生。③ 实际上,以赛亚·柏林和韦伯的观点具有相同的基点,即人类在价值领域处于无可调和的冲突和对立的现实困境之中,并且指出这些价值之间是不可能达到最终统一的。如果要实现诸价值之间的统一,势必要造成其他价值的缺失。齐格蒙·鲍曼在论述后现代性时也阐释了价值冲突的难题,"任何价值都是这样一种价值:你要想得到它,就必须承受损失其

---

① 甘阳.自由的敌人:真善美统一说[DB/OL]. http://www.zhongguosixiang.com/thread-366-1-1.html,2010-05-15.
② 甘阳.自由的敌人:真善美统一说[DB/OL]. http://www.zhongguosixiang.com/thread-366-1-1.html,2010-05-15.
③ 〔加〕迈克尔·富兰.变革的力量:续集[M].中央教育科学研究所,加拿大多伦多国际学院,编译.北京:教育科学出版社,2004:10.

他价值的痛苦"①。所以,统一并不是多元价值观的归宿,多元价值观的价值和目的在于它给各种冲突的价值提供了一个对话的平台。"有成效的教育变革充满着似是而非和相互矛盾的现象,以及通常注意不到的同时出现的因素。愿望与能力、公平与卓越、社会发展与经济发展并非相互排斥,相反,它们必须加以协调使之成为成长和发展的新动力。"②

因此,要使大学变革富有成效,必须善于在多元的价值冲突中寻求一种协调的可能。大学制度实质上是反映大学利益相关者之间关系的规范体系,而大学制度变革就是调整它们之间关系的过程。大学制度变革要反映多元主体的多元需求,简单地以一种价值代替另一种价值的做法是无法满足多样化需求的,否则就要遭受无法满足另一种价值的损失。所以,必须以多元价值观来处理大学制度变革中的价值冲突与矛盾。

四、新自由主义对大学制度变革的诉求

在全球化背景下,新自由主义所倡导的"市场"、"分权"等改革话语仍占据着社会变革的主导权。从目前的情况来看,虽然西方国家遭受到金融危机的重创,并对新自由主义展开了深刻反思,但事实上并没有哪个西方国家从新自由主义退回到凯恩斯主义,毕竟新自由主义是对凯恩斯主义的超越。尽管新自由主义受到各种质疑,但其所奉行的"小而能的政府"、市场化等改革理念并没有失去其现实价值。所以,市场化、分权化等宏观主题在将来的社会变革中仍将发挥作用。

知识经济时代,现代社会的发展与进步离不开大学。大学的

---

① 〔英〕齐格蒙·鲍曼.后现代性及其缺憾[M].郇建立,李静韬,译.南京:学林出版社,2002:4.
② 〔加〕迈克尔·富兰.变革的力量——透视教育改革[M].中央教育科学研究所,加拿大多伦多国际学院,编译.北京:教育科学出版社,2004:10.

作用越重要,社会对大学的期望就越多,大学制度变革面临的价值诉求自然也就越多。我们现在比过去对高等教育寄予了更大的期望:"高等教育将更加是社会公平的工具;它将能进行普通教育、自由教育、很多领域的专业训练,以及在更多学科和次级专业进行基础研究和应用研究——招收多种类型的学生,和劳动市场建立更多的各种各样的联系;它将促进选择、自由、个性和多样化;它将和广泛的国家需求联系起来,灌输共同的价值观以帮助民族团结工作做到富有文化上的针对性,实行直接的责任制以及讲究可以测量的效益。期望越高,失望的可能性愈大。很多价值观和利益在实施中互相冲突。它们本质上是多元的,相互矛盾的……稳健的多方面的期望,可以减少失望所产生的从一个极端转到另一个极端的现象。"①

(一)效率的诉求

效率是一个经济学概念,是通过计算投入与产出之比来衡量资源的有效使用情况,以此来区别不同经济体的运行状况。借助于效率的评价标准,能够反映出经济活动中生产要素是否得到了合理配置,是否取得了最大化的利润。新自由主义对市场的推崇,实际上表现的是对效率的崇拜。因为市场是最有效率的经济运行手段,只要遵循市场的运行逻辑,在价格机制的调节下,生产者和消费者通过自由竞争就能获得最为理想的效率。所以,在新自由主义看来,市场这只看不见的手是获得效率的唯一途径。

现代社会重视效率,特别是在新自由主义主导的公共管理改革中,提高效率是公共服务部门得以生存的重要合法性来源。受政府削减财政拨款的影响,大学也面临着提高管理效率,合理配置资源的压力。克拉克·克尔针对20世纪90年代高等教育的发展

---

① 〔美〕伯顿·R·克拉克.高等教育新论:多学科的研究[M].第二版.王承绪,等译.杭州:浙江教育出版社,2001:272-273.

现状指出:"第一次真正具有国际性的、高度竞争性的知识界正在出现。要想融入到这个圈子中去,就必须依照功绩原则行事,而不能依赖政治或其他什么力量。同时必须给高等教育机构足够的自治权,使他们能够在国际竞争中灵活、富有竞争力。另外还需要引进企业管理方法和这种机构自治相配合。"[1]克拉克所说的功绩原则,实际上指的就是效率原则,尽管他强调大学要在竞争的环境中生存下去,就得采用企业的管理办法,同时还要保持大学自治的权力。

然而,在偏重经济绩效的社会环境中,大学管理无疑会更倾向于企业的组织管理模式。在克拉克看来,支撑大学中企业化管理的原因有两点,即普遍性和同构性。普遍性是指所有的组织都有追求效率的需要,尽管它们功能不同;既然组织都追求效率,那么企业组织就是最适合市场竞争需要的组织形式,因此其他组织要向企业组织靠拢,这就是同构性。所以,像大学这类公共组织要提高效率就得像企业一样,采取企业的管理方式。在新自由主义改革中,主张每类组织都有自己特殊性的观点是站不住脚的,大学必须响应社会提高效率的需求。

在新自由主义看来,大学是缺乏效率的组织,大学缺少动机去实现产出最大化或者成本最小化,也不能全面控制"生产过程"。巴莱罗·卡拜尔给大学的建议是一个与"绩效指标"相关的不断自我评价的过程,他承认所有这些术语都取自经济学行话。成本—收益分析不仅构建了大学内部的簿记,也构建了学术行为及大学与社会的关系。[2]一个共同的趋势是,各国政府普遍采取削减大学财政拨款的改革措施,以减少经费来迫使大学提高办学效率。在预算经费紧缩的情况下,大学不得不利用各种方式来获取资源

---

① Peter W. A. West. 中国大学管理面临的挑战[J]. 清华大学教育研究,2000(3):27-29.
② 〔加〕比尔·雷丁斯. 废墟中的大学[M]. 郭军,等译. 北京:北京大学出版社,2008:30.

以提高办学效率。事实上,削减大学经费的改革措施确实使大学提高了资源使用率。以高等教育大众化进程较慢的英国为例,1987年英国高等教育适龄人口入学率仅为17%,尽管自撒切尔夫人掌权后,英国的高等教育拨款遭受到史无前例的大幅削减,但在办学经费的压力下,英国大学积极扩大办学规模,到1995年高等教育毛入学率就达到32%。据有关数据统计,1990年以来英国高等教育系统的生产率提高了25%以上。① 在政府财政拨款减少的情况下,英国高等教育入学人数反倒增加,生均成本下降,使英国高等教育迅速进入了后大众化时期。不难看出,以效率为导向的新自由主义改革确实给英国大学带来了巨大变化,特别是要维持高等教育大众化办学规模的情形下,大学再也不能不重视效率。

效率和市场如影随形,在推崇效率的高等教育系统中,引入市场机制是必然趋势。"随着市场体制被引入拨款和教育系统,问责制和相关的财务和管理审计文化应运而生,并取代了传统的中央和地方政府的拨款方式。"② 新自由主义认为,政府应该放松管制,让大学自由竞争,以大学的办学绩效作为拨款的依据。西方发达国家在进行大学改革的过程中,一方面削减大学财政拨款,不断降低大学对公共财政的依赖程度,另一方面又对大学提出附加条件,只有满足了政府要求的大学才能获得相应的经费,契约式的拨款方式取代了以前的传统资助模式。市场机制能否成功引入大学,关键在于政府的角色如何转换,这也是新自由主义关心政府与市场关系的原因。通过改变拨款方式,政府从资源供给者的角色转变为了服务购买者,大学只有通过市场竞争才能获得原本应划拨

---

① 〔英〕安东尼·史密斯,弗兰克·韦伯斯特.后现代大学来临?[M].侯定凯,赵叶珠,译.北京:北京大学出版社,2010:65-66.
② 〔英〕安东尼·史密斯,弗兰克·韦伯斯特.后现代大学来临?[M].侯定凯,赵叶珠,译.北京:北京大学出版社,2010:93.

给大学的经费。高等教育在 20 世纪 80 年代以后的转变反映了新自由主义和新公共管理"大市场和小而能国家"的理念,也就是由国家来协助市场顺利运作的市场化趋势。①

效率的观念不仅使政府与大学的关系发生了改变,而且也激发了大学提高内部管理绩效的动力。大学作为学术组织,自身并没有成本最小化的内在动机,但外部的经济环境和有限资源给它带来了强大的外部压力,迫使大学采纳投入与产出的算计来谋求效率。以往的大学是一个追求各自思想的学术社团,而今天的大学必须充分发挥知识优势,利用来自政府、企业等的科研项目以获取生存资源。西方大学在管理上效仿企业,先后采用过目标管理、全面质量管理、战略管理等方式,这些成熟的企业管理手段显著提高了大学管理绩效。在教学上,大学强调以学生为中心的学习和自我评估,"消费者导向"的教学方式改革提高了教学的针对性,教学效率明显改善。另外,为从政府手中获取更多的生均拨款,大学采取了扩大办学规模的措施,这在一定程度上降低了高等教育成本,拓宽了高等教育入学机会。

(二)责任的诉求

在新自由主义语境下,市场是调整一切社会关系的基本准则,而要让社会成员能在自由市场中公平竞争就必须使他们成为自由的具有独立意志的法人。要使市场中自由竞争的主体具有自由意志,政府就要解除管制,因此分权是西方国家在进行新自由主义改革过程中所奉行的另一个重要价值导向。分权与责任是一体两面的关系,政府在向高等教育下放权力的同时,必然要求大学担负起相应的责任。尤其是当大学越来越深地卷入社会、大学的利益相关者越来越多的情形下,外界对大学寄予的期望不断增多,大学的

---

① 戴晓霞,莫家豪,谢安邦. 高等教育市场化[M]. 北京:北京大学出版社,2004:23.

责任范围也是愈来愈广。

责任是一个有着多重理解的概念。谈到大学的责任,狭义的理解是指学术成员在发现知识、传播知识的过程中应尽的义务;而广义的理解是指大学所肩负的社会责任,即大学应向社会应尽的义务。特别是在新自由主义语境下,谈到大学的责任,更多地是指大学应向政府、企业、学生等利益相关者负责的"市场责任"或"消费者责任",因此,这种情况下的责任实际上是绩效责任,即大学切实履行社会服务的职能,有效地利用社会提供的资源,并且大学还要承担社会对大学的问责。

面对高等教育财政危机和管理危机,政府并没有独揽解决问题的责任,而是通过给予高校更多自主权的办法,让高校自己去寻找破解之策,因此,高校在获得更多自主决策权的同时,也承担起更多的责任。① 通过分权改革,大学着实获得了一些自主权,但从另外一个方面讲,权力下放是以责任增加为条件的。新西兰公共管理"灵活的绩效框架"的创始人格雷厄姆·斯科特认为,一个给予管理者很大自由权而没有加强责任的体制,还不如新西兰和其他许多国家的传统管理模式和授权模式。扩大大学自主权,强调大学的责任,这都是以外在需求为出发点的,与让大学自行筹措经费、提高质量、加强绩效评估等紧密联系在一起。②

从大学的发展历程来看,大学从历史上享受特权和豁免权的地位转到承担义务和责任的地位。有人说这是对大学自治的干涉,表明大学的权力正从大学内部转向外部,从学术界转到公共领域。尽管学术自由和大学自治应当受到重视,尽管有时学术自由和大学自治与对外说明责任是相互冲突的,但是在改革的今天,也

---

① 〔比利时〕杰夫·C·沃侯艾温.大学与政府关系的变化——从欧洲的三个国家看[J].郭欹,译.清华大学教育研究,2003(5):1-8.

② 〔荷兰〕弗兰斯·F·范富格特.国际高等教育政策比较研究[M].王承绪,等译.杭州:浙江教育出版社,2001:435.

应当考虑到大学对外说明责任的重要性,让大学向外部机构证明和展示自己所作所为的正当性、效率和效果。① 古尔德曾指出,如果大学不服务于社会,落后于时代,就会被视为空中楼阁,"学术"(academic)就成了"贫血"(anemic)的代名词。② 社会对大学问责,实质上能更好地促进大学服务社会,使大学和社会之间的沟通更为良好。因此,社会对大学的责任诉求表明,公众开始关注高等教育的经济与社会功能,大学并不是远离社会的知识"神庙"。对此知识社会学家德兰迪认为这是大学现代性的一个过程,"大学的历史可以看做是知识模式从政治与宗教的权威中逐渐解放出来,经典的现代性形成、发展以及回归社会的过程"。③

当代公众对大学的复杂感情,正如斯坦福大学前校长肯尼迪所言:"今天的高等教育正面临着完成新的和令人难以置信的众人的挑战,被看做是地区经济改善、甚至是国际竞争的推动力。它被期望能够研究从更好的健康保健到军事备战的几乎所有问题。我们在所有的事情上依赖它,也相信它。当它令我们失望,我们就变得失望;而当它开销太大,我们就会变得愤怒。"④如果大学不积极应对公众的问责需求,那势必会造成严重的信任危机。不管是政府还是社会向大学提出的责任诉求,对大学来说都是挑战。大学传统意义上的自主权是拒绝外界干预,而现在面对政府、公众要求大学承担更多责任的期望,大学感到左右为难,至少大学看待它自身的方式与社会对大学的期望是不和谐的。特别是在新自由主义

---

① Berdahl, R. Academic Freedom, Autonomy and Accountability in British Universities. Studies in Higher Education, 1991, 15(2).

② 〔美〕约翰·S·布鲁贝克.高等教育哲学[M].王承绪,等译.杭州:杭州大学出版社,1998:21.

③ 〔英〕杰勒德·德兰迪.知识社会中的大学[M].黄建如,译.北京:北京大学出版社,2010:56.

④ 〔美〕唐纳德·肯尼迪.学术责任[M].阎凤桥,等译.北京:新华出版社,2002:6.

改革背景下,大学传统的社会责任蜕变为向投资方提供回报的社会义务,责任和高等教育逐渐结合起来是当代大学所不得不面对的重要问题。

五、多元价值的意义

任何一种价值都有限度,大学需要回应时代的价值诉求。英国学者哈罗德·珀金在深入研究大学发展史之后指出,自由不一定可以自动地结出丰硕的学术之果,例如,18世纪英格兰大学的自由导致大学变得死气沉沉和享乐主义泛滥,以至于不得不通过创办新大学来满足工业革命对技术和人才的需要。尤其是19世纪中后期的牛津大学、剑桥大学就是在外部势力的干预下才从古典大学迈向现代大学,可见过度的自由、自治也是会给大学带来危害的。19世纪的柏林大学在创办之初就有鲜明的国家主义倾向,其建立的初衷便是"我们要用精神上的力量来弥补国家物质上的损失",虽然大学受政府控制,但柏林大学却在较短的时间内发展成世界一流大学,成为众多大学效仿的对象。柏林大学的成功固然与洪堡的大学三原则有关,但与柏林大学响应国家需要、为国家利益服务而不是为教会利益服务的时代诉求分不开。

尤其是当整个社会都受新自由主义影响的时候,大学不能忽视新自由主义所提出的价值诉求。新自由主义从起源上说,来自经济学领域,它对社会问题的看法无疑戴着经济学的有色眼镜,这为我们认识大学提供了一个独特的视角,伯顿·R·克拉克指出:"政治经济学作为一种方法,同时作为一个经济领域,为将来认识近代高等教育的复杂情况提供了很大希望。但是政治经济学的价值,将有赖于承认高教系统的特殊任务和使高教部门成为社会的独特部门的许多不平常的特征。"①新自由主义对大学改革的价值诉求有其合理的一面,但也要提防其对大学制度产生冲击的负面影响。因此,要以多元的价值观念来对待大学制度变革。大学制度变革既要接纳新自由主义合理的价值诉求,使大学制度免受合法性危机;同时,大学制度变革中也要坚持大学制度的基本原则,确保大学仍将是大学。现代政府关心学术是否适应社会需求,而大学则要追求自己的价值,两者都有其合理性,并且都重要,任何一方都不能偏废,只有采用多元价值均衡的方法才能使两者协调起来。以自治和责任的关系为例,前加州大学校长克拉克·克尔就曾指出:"自治并不是一种权利,自治必须不断地获得,而且通过负责的行为和对社会有效的服务去获得。"②英国学者罗伯特·伯达尔曾就大学自治的问题指出:"自治的真正问题不是说是否会受到政府的干涉,而是那些必要的干涉是否会被限制在适当的主题上并通过灵活适应的机制表达出来。"③他们的看法显然更加务实,虽然自治是大学最为珍视的价值,但现代政府对大学的干涉也有其现实的合理性,大学自治只有找到平衡点才能兼顾内外两种价值的需求。事实上,大学的自治是以完成社会责任为基础的,自治和责任应该是一种"对话"的关系,一味地强调自治,并不能带来预期的理想结果。18 世纪英国大学的例子是对过度自治最好的注解,"除非你打算利用自治使大学取得进步,否则即使享有自治也是无济于事"。④ 而一味地强调责任,显然会超出大学的组织负

---

① 〔美〕伯顿·R·克拉克. 高等教育新论:多学科的研究[M]. 第二版. 王承绪,等译. 杭州:浙江教育出版社,2001:275.
② 〔美〕克拉克·克尔. 高等教育不能回避历史[M]. 王承绪,等译. 杭州:浙江教育出版社,2001:145.
③ Robert O. Berdahl. Statewide Coordination of Higher Education[M]. Washington D. C.：American Council on Education, 1971:9.
④ 〔美〕伯顿·R·克拉克. 自主创新型大学:共治、自治和成功的基础[J]. 王晓阳,孙海涛,译. 清华大学教育研究,2000(4):6.

载能力,使大学丧失其最为珍视的自治传统。

多元价值观下的大学制度变革是指,在大学制度变革的过程中为多元价值提供对话的可能。创新并不是"来自于外部的解决办法",而是一场"对话"的成功结果,在这场"对话"中,外部要求与内部需求协调一致。① 在谈到如何解决当代大学问题的时候,哈贝马斯从交往理论的视角进行了论述。他认为既要承认大学的功用,也要捍卫大学的理念,即科学统一不能建立在一门超越科学的科学也就是哲学之上,而只能建立在各门科学共享的合理交往或论辩之上。② 显然,哈贝马斯基于交往理性的破解之道,和所提倡的以多元价值观来进行大学制度变革有着异曲同工之妙。

阿什比曾经说过:"大学必须保持产生大学的那些基本理念,同时也必须顺应支撑它的当下社会。"③对于大学制度变革来说,既要坚持大学制度的基本原则,也要均衡社会对大学提出的多元价值诉求。特别是新自由主义改革背景下,效率和责任的价值诉求对于大学来说有着重要的现实意义。布鲁贝克在谈到高等教育合法性的时候指出,高等教育的界限埋嵌在历史发展中,许多方面都是以满足不同历史时期的不同需要而获得合法地位的。如今,发达国家与发展中国家的政府面临的一个核心问题是如何发掘高等教育在促进经济增长方面的潜力而不减弱其在社会中其他作用的发挥。要解决这个问题,大学只有在均衡多元利益主体的多元诉求中前进,如此方能使大学制度获得其当下的合法性。

---

① 〔挪威〕波·达林.理论与战略:国际视野中的学校发展[M].范国睿,译.北京:教育科学出版社,2002:13.

② 郭立场.为什么中国至今仍没有世界一流大学[EB/OL]. http://news.xinhuanet.com/politics/2010-04/16/c_1237345.htm

③ Ashby, E. Universities: British, Indian, African[M]. MA: Harvard University Press, 1966:3.

第三节 "诸神"归位,重构大学制度环境

每一次教育变革都有其独特的时代背景。法国学者亨利·勒帕日认为,新自由主义"在学术和思想领域里引起了一场革命","这场革命对西方社会的经济和政治前途是至关重要的,它至少可以和30年代的凯恩斯革命对刚刚过去的四分之一世纪所具有的重要性相比"。[①] 大学是社会大系统中的一个子系统,大学制度变革与社会有着密切关系。新自由主义是这个变革时代的重要思潮,目前各国大学制度变革都多多少少留有新自由主义的烙痕。在经历金融危机重创之后,现在西方发达国家开始反省主导西方社会近30年的新自由主义思潮,并着手调整社会政策以适应未来发展需要。对于大学制度变革而言,同样有必要全面认识新自由主义给大学带来的影响,为大学制度变革的未来提供可资借鉴的经验。

大学制度变革不是大学单方面的事情。大学制度变革的实质是政府、市场、大学等不同利益主体调整相互关系的过程。只有处理好大学、政府、市场三者之间的关系,才能使大学制度变革达到预期目的。政府、市场、大学分属社会领域中的三个不同部门,只有让它们各归其位,才能发挥出最佳的大学功能。伯顿·R·克拉克在比较研究各国高等教育系统后指出,高等教育部门和其他部门及整个社会一样,需要把国家权力的研究与经济模式和过程的研究交织起来,但首先有赖于承认高教系统的特殊任务和它的独特特征为前提。因此,在处理政府、市场、大学三者关系的时候,我们要避免偏执一端,而陷入"政府神话","市场乌托邦",或"学术

[①] 〔法〕亨利·勒帕日.美国新自由主义经济学[M].李燕生,王文融,译.北京:北京大学出版社,1985:1.

象牙塔"的理想化状态,客观认识三者的定位及其局限,为大学制度变革提供良好的制度环境。

一、政府的角色

用市场力量来重塑政府,改善社会公共服务的质量和效率,是新自由主义的基本观点。尽管新自由主义的观点不一定能完全反映政府在公共事务管理中所应肩负的责任,尽管市场的力量也不一定能很好地在政府公共管理中发挥理想的作用,但是新自由主义关于改革政府职能的思路值得研究。政府的角色既不是要退回到全能政府的时代,也不是朝向放任自流的状态,政府作为公共事务的"掌舵者",既要承担必要的公共责任,又要受到法律和社会的约束与限制。在新自由主义看来,政府应该致力于成为"小而能"的政府,这一观点符合世界公共管理的潮流与现实需要。在今后的社会改革与发展中,从控制性政府向监督性政府转变,从管理者向服务者转变是未来公共管理改革的主流趋势。在大学与政府的关系上,政府既要规范自身行为,又要肩负起应尽的职责。

1. 要转变政府职能,约束政府权限

政府要跳出在强化管理与弱化管理之间来回摇摆的怪圈,切实转变政府管理职能。政府可以大胆采用市场机制优化资源配置,避免政府在资源分配中的主观性与偶然性,促使大学更为合理有效地利用公共资源。政府应该利用立法手段来调节大学与政府的关系,从法律上明确政府和大学的性质,以及各自的责任与义务,在法律的框架内确定两者之间的关系准则,避免政府在大学管理中的随意性,能够更有力地保障大学自治的权力。通过立法手段对大学进行宏观管理,不仅能够使政府从繁杂的高等教育管理事务中解放出来,增加大学的自主权,还可以营造出有利于大学竞争的市场氛围。从各国大学制度变革的实践来看,政府管理职能的多寡、政府管理权力的强弱直接决定着大学制度变革的深度与广度,可以这样说,大学制度与各国政府管理制度有着同构性。

2. 政府要完善对市场的监管,确保高等教育的公共性

虽然市场具有及时回应社会需求的优点,但无法对经济社会的长期发展趋势作出判断。又由于教育具有显著的滞后性,今天在教育上的投资,可能要十多年后才能见到成效,而对于像高等教育这样事关国家长远发展的公共事业来说,市场的力量是有限的。政府需要根据经济社会发展的远景进行中长期规划,使大学发展与经济社会发展相适应,而能担此重任者非政府莫属。再者,市场的作用不是无限的,市场有失灵的时候。现代制度经济学家霍奇逊认为,"一个市场系统必定渗透着国家的规章条例和干预"。① 当今任何一个完全市场国家都没有放弃对市场的监管,缺乏监管的市场必然带来混乱,一个纯粹的市场体系是行不通的。当今时代,高等教育事关国家竞争实力,市场不能无限介入高等教育之中,政府要担负起市场监管的责任与义务。政府需要在市场不能发挥作用的地方,规范市场环境,监督办学主体,确保公共利益不受到损害。

3. 政府要负担必要的高等教育经费开支

在新自由主义的影响下,政府大量削减大学财政拨款,在有些国家,政府的财政拨款下降到有史以来最低的水准,如美国有些州立大学来自政府的财政拨款不及学校总收入的10%。在这样的情况下,大学不得不依靠学费、企业项目等来获取大量的办学经费。这使得大学处于过度市场化的危险之中,难以捍卫高等教育的公益性。现代大学的发展需要大量的经费,向大学提供基本的经费保障是现代民主政府的基本责任,政府不应该逃避公共责任。同时,政府在向大学拨款的同时,不能因为具有拨款的权力而以此

---

① 〔英〕G.霍奇逊.现代制度主义经济学宣言[M].向以斌,等译.北京:北京大学出版社,1993:298.

过度干涉院校内部事务。

二、市场的作用

20世纪80年代以来,新自由主义支配西方主要国家政坛。西方国家为使经济走出滞涨困境,采取了解除管制、推行市场化等措施。在新自由主义的语境下,公共部门面临着提高效率的压力,引入市场机制成为公共部门改革的必然选择。在这种格局之下,受外部环境影响,大学也成为一个准市场主体,大学所提供的教育也被看成是一种服务产品,大学通过向"消费者"出售服务而获取发展所需的资源。而教育服务质量的高低,直接决定着大学能否在市场中处于有利的竞争地位。在市场化的环境里,大学在生源、师资、劳动力市场、知识开发等方面面临着激烈的竞争,大学产生了不断提高效率的内在动机。从目前各国大学变革的情形来看,在大学中引入市场机制,有其积极意义。

市场提高了高等教育的资源配置效率。在新自由主义思潮主导下,市场的作用获得重视并被重新认识,市场被引入到公共部门改革之中。在处理政府与大学的关系上,政府放弃了原来作为一个资源供给者的角色,而是以大学能否满足附加条件作为大学获得经费的前提,这样一来,政府就成为了教育公共产品的购买者。如果大学要从政府手中获得更多的经费或其他资源,那么就必须用成绩来说话。在大学自身经营管理中,大学必须以满足社会对人才和知识的需求为导向,只有大学培养出的人才符合市场需求,才有学生愿意报考,否则大学就会失去赖以生存的生源。在知识生产方面,大学更加重视满足社会对实用知识的需求,以便能从企业科研项目中获得大量研发经费,以此来满足大学对经费的需求和提高自身学术研究水平。市场机制使大学与政府的关系契约化,在责任与权利的规定方面更为清晰;市场机制使大学与学生、企业等社会主体的关系更为密切,能够及时响应他们的需要。总体上来说,市场机制提高了资源配置效率,使大学管理的目标趋于明确。从世界各国大学制度变革的实践来看,市场机制在大学中的作用发挥得越充分,大学制度的效率就越高。可以预见的是,效率仍将是大学变革的一个重要关注点,因此在未来的大学制度变革中,市场的作用还会加强。

市场机制营造出了竞争的环境,促使大学不断提高质量,满足不同层次的社会需要。市场必然导致竞争,而竞争至少会带来两个方面的好处,一是促使大学提高办学质量。高等教育质量是一个模糊的概念,且难以准确测量,尽管各国有专业组织对大学进行认证,但不可否认的是,社会对大学质量的认可度并不高。然而自20世纪80年代新自由主义改革以来,当质量与生存结合到一起后,提高质量成为高等教育管理领域的主流话语之一。尤其是大学更为重视对教学的评价,从以教师为中心的评价转为以学生为中心的评价,学生评价有助于高校调整办学导向,树立服务学生的办学宗旨。[①] 再者,激烈的竞争促使大学群体不断分化,形成不同办学定位以满足不同层次的社会需要。通过竞争来实现大学的合理定位,不仅可以避免政府宏观调控中的失误,而且还能消除大学自身定位中的盲目性。在知识经济时代,大学之间的竞争会更加激烈,迫使大学重视教育质量,满足教育消费者的需求。

市场不是万能的,在发挥市场作用的过程中要注意市场的限度。市场具有功利性、盲目性等负面影响。市场之所以能通过价格机制来调节供需关系,其原动力在于市场主体有着追求利润最大化的动机。当市场机制侵入到大学后,大学也会以追求利润最大化为目标,很明显的表现就是大学中人文学科迅速退化,科研开发更多地集中于短、平、快的实用项目,这些都是与大学的学术精

---

① 别敦荣,孟凡.论学生评教及高校教学质量保障体系的改善[J].高等教育研究,2007(12):77-83.

神相违背的。弗莱克斯纳对此现象曾形象而又深刻地指出:"当人们关心如何立即将贱金属转变成金时,化学只能停滞不前;但当它暂时忽视功用和实际时,它却前进了。"①另外,市场也会造成大学办学的盲目性,一旦当市场急需某专业时,大学出于招生和就业的原因,也会跟风办学,以至大学成为社会的风向标。

三、大学的本位

布鲁贝克指出,任何一个现代社会都有传递深奥知识、探索新知识的需要,而大学就是进行这类活动的地方。不管未来社会如何变化,现代社会的发展离不开大学,知识是大学所赖以存在的根本原因。受新自由主义市场化的影响,在批评者看来,当代大学沦落为"文凭工厂"、"学店",这其中固然有社会的原因,但也与大学对自身的定位不清有关,致使大学"越位"。不管未来社会如何变化,大学始终是一个学术组织,这是未来大学制度变革所必须坚守的底线。"对大学而言,没有什么可以取代它的主要职责——培养学者,保持学习和调研的传统。"②尽管大学产生至今已近千年,但大学的学术职责并没有发生什么改变,历史的经验证明,学术是大学制度的内在逻辑。在未来大学制度的变革中,大学能否坚守本位,首先在于确保大学制度的学术性。

捍卫学术自由、大学自治的基本原则是大学坚守本位的首要任务。在面对外部压力的情形下,大学要尽可能地创造自由空间。美国是世界市场经济最为发达的国家,大学受市场的影响程度也是最深的。但在美国,市场的冲击并没有伤及大学的基本原则。萨义德指出:"在我心目中,西方的大学,尤其是在美国,依然能够

---

① 〔美〕弗莱克斯纳.现代大学论[M].徐辉,等译.杭州:浙江大学出版社,2001:10.

② 〔美〕查尔斯·霍默·哈斯金斯.大学的兴起[M].王建妮,译.上海:上海世纪出版集团,2007:20.

提供知识分子一个准乌托邦的空间,在其中继续进行省思与研究——虽然会处于新的限制和压力之下。"①美国学者博格斯在论述知识分子与现代性危机的时候也承认,虽然大学日益受到政府的介入、企业乃至各种带有意识形态色彩的院外集团资源的诱惑的影响,大学的整体社会化程度也有所提高,但人们在大学里"还可以冷静地寻求知识和真理"。② 然而,在其他国家,尤其是在高等教育后发国家,由于缺乏大学自治的学术传统,市场对大学的冲击就相当明显。比如,我国大学就面临着这种困境。有学者指出,在计划经济时代,大学受政府直接控制,大学有泛政治化倾向;而在市场经济时代,大学又沦陷在市场的围攻之下。因此,联合国教科文组织针对当代大学所面临的共同处境指出,"高等教育的开展与管理获得成功的前提之一是与国家和整个社会有良好的关系,这种关系是建立在学术自由和学校自治的原则基础上"③。

　　除了要有适应社会需要的能力,大学更要有超越当下的魄力。随着社会环境改变,大学的功能也在不断调整扩充,但大学作为追求知识与真理的"圣殿",其批判意识是不应该被弱化的。不少西方学者指出,大学虽然不是教会,但却发挥着教会的作用。尤其是在当下,受市场经济的冲击,大学批判社会的精神显得更为重要,大学应该承当起"社会的良心"。美国哈佛大学前校长陆登庭在北京大学百年校庆上的演讲中说:"大学开展研究以推动经济的发展是无可厚非的,同样,大学教育帮助学生寻求实用和令人满意的职业也是必要的。然而,更重要的是,大学教育的杰出性是无法用美

---

　　① 〔美〕爱德华·W·萨义德.知识分子论[M].单德兴,译.北京:生活·读书·新知三联书店,2002:71.
　　② 〔美〕卡尔·博格斯.知识分子和现代性的危机[M].李俊,蔡海榕,译.南京:江苏人民出版社,2002:121-124.
　　③ 联合国教科文组织.关于高等教育变革与发展的政策性文件[A],1995.//王晓辉.全球教育治理:国际教育改革文献汇编[C].北京:教育科学出版社,2008:77.

元和人民币来衡量的。最好的教育不仅使我们在自己专业中提高生产力,而是使我们善于观察、勤于思考、勇于探索,塑造健全完善的人。"①美国学者康马杰曾高度地肯定过大学的作用,认为大学是最为崇高的机构,是为全人类利益和真理服务的机构。然而,在现实中,大学制度变革会受到政府、市场等多方面的影响,但大学一定要有超越当下利益羁绊的勇气,为发挥批判功能提供必要的制度保障。

世界金融危机爆发后,西方国家对新自由主义展开反省,但并没有全面否定新自由主义的作用。新自由主义尊重个体权利、保障个人自由的基本理念并没有受到动摇,其所提出的放松政府管制、运用市场机制进行资源配置的思想仍为西方社会所认同。可以肯定的是,金融危机之后,西方社会并没有从新自由主义退回到凯恩斯主义,而是在反省新自由主义的基础上继续前行。对于大学制度变革而言,政府、市场都不会退出大学制度变革的场阈,在将来还会对大学制度变革产生影响。伯顿·R·克拉克从研究世界高等教育系统变革的材料中发现了这样一个有趣的现象,"国家的失败"导致转向市场,而"市场的失败"产生对国家权力的依赖,高等教育的变革就处于这摇摆的两端之间。大学的近代发展史也证明,大学拒绝市场,接受政府干预,不会使"政府神话"成为现实;而大学拒绝政府,完全接受市场调节,也不会出现"市场乌托邦";而既拒绝政府,又拒绝市场,回到"大学象牙塔"却又与时代发展要求扞格不入。那么,如何才能跳出这个怪圈呢?那就既要肯定政府干预的必要性,也要认识到市场的价值与局限,让"诸神"归位,重构大学变革的制度环境。

---

① 北京大学.21世纪的大学:北京大学百年校庆召开的高等教育论坛论文集[C] 北京:北京大学出版社,1999:20.

第七章 结 论

时代在前进,社会在发展,大学也在变化。自20世纪80年代以来,大学所发生的变化超出了历史上任何一个时期。大学是社会的一部分,大学与社会的互动越来越频繁,大学在推动社会进步的同时,也深受社会影响。新自由主义在20世纪70年代末期登上历史舞台,在化解凯恩斯主义造成的社会危机方面展示了它的历史进步性,从而成为西方国家的主导社会思潮。大学发展与变革的事实也表明,新自由主义是推动发达国家大学制度变革的理论基础。

以新自由主义为视角研究大学制度变革,本研究主要得出以下结论。

第一,大学制度变革体现了新自由主义的价值诉求。从美、英、日等国大学制度变革的实践来看,国家高等教育政策发生了重要转向,政府大幅削减高等教育财政拨款,将市场机制引入高等教育,政府从资源提供者转变为教育服务购买者;大学在承担更多财政责任的同时,也获得了更大的自主权。

随着政府对大学管理方式的改变,大学制度也悄然发生了变化。在大学制度的价值层面,新自由主义的管理理念取代了以往以学术为本的管理理念,直接影响到大学的价值观,使学术共同体从信奉"价值无涉"的专业主义蜕变为具有企业家精神的专业主义,这给学术共同体的知识活动打上了"效率"的底色。在大学制度的规范层面,市场机制被嵌入大学制度,官僚协调、政治协调、专业协调的作用逐渐弱化,而市场协调的作用则越来越强。不管是国家权威主导的高等教育系统,还是学术权威主导的高等教育系统,都在向着市场主导的方向靠近。资源分配是体现市场机制的一个重要方面,政府摒弃了传统的协商性拨款、专项拨款等方式,采用合同拨款、竞争性拨款、绩效拨款等新方式,使政府对大学的影响作用更具有隐蔽性。在大学制度的组织层面也发生了相应变化,具体表现为大学利益主体多元化,大学组织权力从学术基层单位向院校层面集中,大学校长权力增强,学术单位承担更多的管理责任。从以上三方面来看,发达国家大学制度变革带有鲜明的新自由主义印痕。

第二,新自由主义主导下的大学制度变革在提高大学效率的同时,也带来了不容忽视的负面影响,而问题的根源在于新自由主义与大学制度之间的价值冲突。在新自由主义政策影响下,政府放松对高等教育的管制,大学自主权得以扩大,引入市场机制使大学能够及时响应市场需求,总体上来说,"分权"和"市场"导向的改革提高了大学运行效率。然而,新自由主义所倡导的市场逻辑,把大学置于知识贩卖者的地位,使知识沦为"商品";在追求效率的压力下,大学效仿企业管理,使大学从学者共同体蜕变为知识经营体;市场化的目标损害了大学作为道德领袖的责任,大学精神面临沦丧的危险。

从"市场"与知识的价值冲突来看,"市场"的价值主体是社会、政府等外部利益相关者,效率是其基本价值诉求。他们强调知识的实用价值,追求利润是其最终目的。而知识的价值主体是大学,自由是大学进行知识探究的前提条件,它奉行"价值无涉"的认识论哲学,致力于追求真理的终极目标。从"分权"与自治的价值冲突来看,"分权"的价值主体是政府,政府通过"分权"将财政压力转移给大学,而大学在获得更多自主权的同时也承担起相应的责任。"分权"是科层制组织为提高自身效率而采用的一种管理形式,它强化了大学院校管理的权力,并且外部问责成为监管大学的基本制度。自治的价值主体是大学,权力分散则为大学自治提供制度性保障,能够焕发个体的创造活力和部门的发展动力。自治的理想组织形态是学院制,它坚守同行评议的专业问责形式,避免外部力量干预大学。

第三,要扩大大学自主权、提高大学效率,"分权"和"市场"仍将是我国大学制度变革的方向。在我国从计划经济体制向市场经济体制转型的过程中,"分权让利"和市场化构成了社会变革的基本走向。尽管新自由主义不是我国经济社会发展的指导思想,但是我国所采取的政策措施具有"分权"和"市场"的价值导向。社会转型必然要影响到大学制度变革,改革开放以来,我国大学制度变革也呈现出"分权"和"市场"的基本特征。

我国大学制度变革中的"分权",遵循的是政治体制改革的逻辑,以减轻中央财政负担为目的,在分权的过程中权责划分不对称。尽管高校自主权扩大,但中央教育主管部门的权力仍然强势,下放给一些地方政府的统筹权演变成"地方式集权"。继续下放和落实高校自主权是我国现代大学制度建设的重要内涵,因此"分权"仍将是未来大学制度变革的方向。

我国大学制度变革中的"市场",是社会经济体制改革对高等教育渗透的结果。"市场化"手段为我国高校提供了大量资金,解决了高等教育财政投入不足的问题,但与市场机制相匹配的竞争机制、约束机制并没有相应地建立起来。当今世界各国高度重视市场在提高高等教育效率、满足多元化需求等方面的作用,因此我国大学制度变革还需进一步完善"市场"机制,充分发挥"市场"的积极作用,扬长避短。

第四,多元价值观是平衡大学制度变革中多元价值诉求的现实选择。从历史发展的角度看,大学是多种力量冲突的结果,统一性和多样性是大学能够从中世纪生存下来的重要原因,它既使大学保持了自身个性,也服从、顺应了环境变化。现代大学是一个具有多重职能的多目标组织,它为若干种顾客服务,因此,社会的多元价值诉求使传统的大学制度面临着合法性危机。

大学必须满足社会的多元价值诉求,否则大学与社会就将处于对立状态。有成效的教育变革能将似是而非和相互矛盾的价值诉求协调为发展的新动力。多元价值观为大学制度变革过程中的多元价值提供了对话的可能,以多元价值观来处理大学制度变革中的价值冲突与矛盾,均衡多元利益主体的多元诉求,使大学制度获得了当下的合法性。新自由主义"市场"、"分权"背后的效率和责任诉求有其现实合理性,虽然它们与大学制度的基本原则之间存在着价值冲突,但假若大学以一种价值的合理性来代替另一种价值存在的必要,那给大学带来的必将是灾难。因此,采用多元价值观来应对大学制度变革中的多元价值诉求是大学的现实选择。

本研究的创新之处表现在以下两方面。

第一,从新自由主义的视角对大学制度展开研究。目前有关大学制度的研究,大多是基于大学内部逻辑的立场,捍卫着传统大学制度。大学的历史是在大学的内部逻辑和外部压力的对抗中谱写的,关注大学的内部逻辑只是问题的一个方面,而外部压力往往在推动大学变革与发展中具有更为重要的作用。新自由主义是影响当今世界的重要思潮,它是西方国家经济社会改革的理论基础,因此从新自由主义与大学制度变革的关系着眼,能够提供一个不同于传统研究的新视角,可以更加深刻地揭示大学制度变革的特点。

第二,从价值层面来分析大学制度变革的冲突。本研究在分析新自由主义基本思想的基础上,归纳出新自由主义改革政策的两个主要价值维度,即"市场"和"分权"。通过比较新自由主义与大学制度在价值主体、价值诉求、价值标准上的差异,认为新自由主义与大学制度之间的价值冲突是推动当今大学变革的动力,也是给大学带来"市场化"问题的根源。在价值冲突分析的基础上,本研究指出,多元价值观将是均衡大学制度变革中多元价值诉求的现实选择。

当然,任何研究都只是一种逼近问题本质的过程,对于大学制度变革这个复杂的研究对象而言,本研究只是一孔之见,还有待继续深入。近年来,社会学在制度研究方面取得了丰富的学术成果,其制度分析的方法日趋成熟。借鉴社会学制度研究的理论,从制度变革机制、制度变革路径等角度来深化大学制度变革研究,将是本研究的未来努力方向。

参考文献

[1] 〔澳〕西蒙·马金森.教育市场论[M].金楠,高莹,等译.杭州:浙江大学出版社,2008.

[2] 〔澳〕西蒙·马金森.澳大利亚教育与公共政策[M].严慧仙,洪淼,译.杭州:浙江大学出版社,2007.

[3] 〔澳〕W. F. 康内尔.二十世纪教育史[M].张法琨,等译.北京:人民教育出版社,1990.

[4] 〔比利时〕希尔德·德·里德-西蒙斯.欧洲大学史(第一卷中世纪大学)[M].张斌贤,等译.保定:河北大学出版社,2008.

[5] 别敦荣.高等教育管理与评估[M].青岛:中国海洋大学出版社,2009.

[6] 别敦荣.中美大学学术管理[M].武汉:华中理工大学出版社,2000.

[7] 陈宝森.美国经济与政府政策——从罗斯福到里根[M].世界知识出版社,1988.

[8] 陈列.市场经济与高等教育:一个世界性的课题[M].北京:人民教育出版社,1996.

[9] 陈平原.大学何为[M].北京:北京大学出版社,2006.

[10] 陈学飞.美国、德国、法国、日本当代高等教育思想研究[M].上海:上海教育出版社,1998.

[11] 陈振明.政府再造——西方"新公共管理运动"述评[M].北京:中国人民大学出版社,2003.

[12] 戴晓霞,莫家豪,谢安邦.高等教育市场化[M].北京:北京大

学出版社,2004.

[13]〔德〕卡尔·雅斯贝尔斯.大学之理念[M].邱立波,译.上海:上海世纪出版集团,2007.

[14]〔德〕马克斯·韦伯.社会科学方法论[M].韩水法,莫茜,译.北京:中央编译出版社,2002.

[15]〔德〕沃尔夫冈·查普夫.现代化与社会转型[M].陈黎,陆宏成,译.北京:社会科学文献出版社,1998.

[16]邓正来.哈耶克社会理论[M].上海:复旦大学出版社,2009.

[17]恩雅.世界名校精英榜[M].北京:中国国际广播出版社,2002.

[18]〔法〕布迪厄.遏止野火[M].河清,译.桂林:广西师范大学出版社,2007.

[19]〔法〕米歇尔·福柯.知识考古学[M].第二版.谢强,马月,译.北京:生活·读书·新知三联出版社,2003.

[20]〔法〕亨利·勒帕日.美国新自由主义经济学[M].李燕生,王文融,译.北京:北京大学出版社,1985.

[21]高桂娟.现代大学制度演进的文化逻辑[M].青岛:中国海洋大学出版社,2007.

[22]郭为藩.转变中的大学:传统、议题与前景[M].北京:北京大学出版社,2006.

[23]韩水法.大学与学术[M].北京:北京大学出版社,2008.

[24]〔荷〕弗兰斯·F·范富格特.国际高等教育政策比较研究[M].王承绪,等译.杭州:浙江教育出版社,2001.

[25]何秉孟.新自由主义评析[M].北京:社会科学出版社,2004.

[26]何俊志等.新制度主义政治学译文精选[M].天津:天津人民出版社,2007.

[27]贺武华.新自由主义主导下的学校重建研究[M].北京:光明日报出版社,2008.

[28] 胡建华. 现代中国大学制度的原点:50年代初期的大学改革[M]. 南京:南京师范大学出版社,2001.

[29] 华民,韦森,张宇燕. 制度变迁与长期经济发展[M]. 上海:复旦大学出版社,2006.

[30] 〔加〕比尔·雷丁斯. 废墟中的大学[M]. 郭军,等译. 北京:北京大学出版社,2008.

[31] 〔加〕迈克尔·富兰. 变革的力量:续集[M]. 中央教育科学研究所,加拿大多伦多国际学院,编译. 北京:教育科学出版社,2004.

[32] 〔加〕威尔·金里卡. 当代政治哲学[M]. 刘莘,译. 上海:上海三联书店,2004.

[33] 〔加〕许美德. 中国大学1895—1995:一个文化冲突的世纪[M]. 许洁英,等译. 北京:科学教育出版社,1999.

[34] 〔加〕约翰·范德格拉夫. 学术权力[M]. 第二版. 王承绪,等译. 杭州:浙江教育出版社,2001.

[35] 劳凯声. 变革社会中的教育权与受教育权:教育法学基本问题研究[M]. 北京:教育科学出版社,2003.

[36] 李其庆. 全球化与新自由主义[M]. 桂林:广西师范大学出版社,2003.

[37] 李任初. 新自由主义——宏观经济的蜕变[M]. 北京:商务印书馆,1991.

[38] 林玉体. 美国高等教育之发展[M]. 中国台北:高等教育文化事业有限公司,2002.

[39] 〔美〕爱德华·W·萨义德. 知识分子论[M]. 单德兴,译. 北京:生活·读书·新知三联书店,2002.

[40] 〔美〕埃尔查南·科恩. 教育券与学校选择[M]. 刘笑飞,等译. 北京:北京师范大学出版社,2008.

[41] 〔美〕埃里克·古尔德. 公司文化中的大学[M]. 吕博,等译.

北京:北京大学出版社,2005.

[42]〔美〕艾伦·布卢姆.美国精神的封闭[M].战旭英,译.南京:译林出版社,2007.

[43]〔美〕艾萨克·康德尔.教育的新时代:比较研究[M].王承绪,等译.北京:人民教育出版社,2001.

[44]〔美〕B.盖伊·彼得斯.政府未来的治理模式[M].吴爱明,等译.北京:中国人民大学出版社,2001.

[45]〔美〕本杰明·莱文.教育改革:从启动到成果[M].项贤明,洪成文,译.北京:教育科学出版社,2004.

[46]〔美〕彼得·D·赫肖克,马克·梅森,约翰·N·霍金斯.变革中的教育[M].任友群,杨光富,译.上海:华东师范大学出版社,2009.

[47]〔美〕詹姆斯·布坎南.自由、市场和国家[M].平新乔,莫扶民,译.北京:北京经济学院出版社,1988.

[48]〔美〕伯顿·R·克拉克.高等教育新论[M].王承绪,等译.杭州:浙江教育出版社,2001.

[49]〔美〕伯顿·R·克拉克.高等教育系统[M].王承绪,等译.杭州:浙江教育出版社,1994.

[50]〔美〕伯顿·R·克拉克.探究的场所[M].王承绪,译.杭州:浙江教育出版社,2001.

[51]〔美〕伯顿·R·克拉克.高等教育新论:多学科的研究[M].第二版.王承绪,等译.杭州:浙江教育出版社,2001.

[52]〔美〕伯顿·R·克拉克.建立创业型大学:组织上转型的途径[M].王承绪,译.北京:人民教育出版社,2007.

[53]〔美〕伯顿·R·克拉克.大学的持续变革:创业型大学新案例和新概念[M].王承绪,译.北京:人民教育出版社,2008.

[54]〔美〕C.赖特·米尔斯.社会学的想象力[M].陈强,张永强,译.北京:生活·读书·新知三联书店,2005.

[55]〔美〕查尔斯·霍默·哈斯金斯.大学的兴起[M].王建妮,译.上海:上海世纪出版集团,2007.

[56]〔美〕查尔斯·沃尔夫.市场或政府——权衡两种不完善的选择[M].谢旭,译.北京:中国发展出版社,1994.

[57]〔美〕大卫·科伯.高等教育市场化的底线[M].晓征,译.北京:北京大学出版社,2008.

[58]〔美〕戴安娜·克兰.无形学院[M].刘珺珺,顾昕,王德禄,译.北京:华夏出版社,1988.

[59]〔美〕戴维·奥斯本,特德·盖布勒.改革政府:企业精神如何改革着公营部门[M].上海市政协编译组,东方编译所,编译.上海:上海译文出版社,1996.

[60]〔美〕丹尼尔·耶金,约瑟夫·斯坦尼罗.制高点:重建现代世界的政府与市场之争[M].段宏,等译.北京:外文出版社,2000.

[61]〔美〕道格拉斯·C·诺思,张五常.制度变革的经验研究[M].罗仲伟,译.北京:经济科学出版社,2003.

[62]〔美〕德里克·博克.走出象牙塔[M].徐晓洲,陈军,译.杭州:浙江教育出版社,2001.

[63]〔美〕E.马克·汉森.教育管理与组织行为[M].冯大鸣,译.上海:上海教育出版社,2005.

[64]〔美〕菲利普·G·阿特巴赫.比较高等教育:知识、大学与发展[M].人民教育出版社教育室,译.北京:人民教育出版社,2001.

[65]〔美〕菲利普·G·阿特巴赫,罗伯特·O·伯达尔,帕崔凯·J·甘波特.21世纪的美国高等教育:社会、政治、经济的挑战[M].施晓光,蒋凯,译.青岛:中国海洋大学出版社,2007.

[66]〔美〕菲利普·G·阿特巴赫,佩蒂·M·彼得森.新世纪高等教育:全球化挑战与创新理念[M].陈艺波,别敦荣,译.青

岛:中国海洋大学出版社,2009.

[67] 〔美〕弗莱克斯纳.现代大学论[M].徐辉,等译.杭州:浙江大学出版社,2001.

[68] 〔美〕弗雷德里克·E·博德斯顿.管理今日大学:为了活力、变革与卓越之战略[M].王春春,赵炬明,译.桂林:广西师范大学出版社,2006.

[69] 〔美〕弗雷德里希·奥古斯特·哈耶克.自由宪章[M].杨玉生,冯兴元,陈茅,等译.北京:中国社会科学出版社,1999.

[70] 〔美〕H.N.沙伊贝等.近百年美国经济史[M].彭松建,等译.中国社会科学出版社,1983.

[71] 〔美〕亨利·艾兹科维茨,劳埃特·雷德斯多夫.大学与全球知识经济[M].夏道源,等译.南昌:江西教育出版社,1999.

[72] 〔美〕刘易斯·科塞.理念人:一项社会学的考察[M].郭方,等译.北京:中央编译出版社,2001.

[73] 〔美〕卡尔·博格斯.知识分子和现代性的危机[M].李俊,蔡海榕,译.南京:江苏人民出版社,2002.

[74] 〔美〕克拉克·克尔.大学之用[M].高铦,高戈,等译.北京:北京大学出版社,2008.

[75] 〔美〕克拉克·克尔.高等教育不能回避历史[M].王承绪,译.杭州:浙江教育出版社,2001.

[76] 〔美〕理查德·鲁克.高等教育公司[M].于培文,译.北京:北京大学出版社,2006.

[77] 〔美〕罗伯特·伯恩鲍姆.大学运行模式[M].别敦荣,主译.青岛:中国海洋大学出版社,2003.

[78] 〔美〕罗伯特·伯恩鲍姆.高等教育的管理时尚[M].毛亚庆,樊平军,郝保伟,译.北京:北京师范大学出版社,2008.

[79] 〔美〕罗伯特·M·罗森兹威格.大学与政治:美国研究型大学的政策、政治和校长领导[M].保定:河北大学出版社,

2008.

[80]〔美〕罗杰·L·盖格.研究与相关知识[M].张斌贤,孙益,王国新,译.保定:河北大学出版社,2008.

[81]〔美〕马尔科姆·泰特.高等教育研究:进展与方法[M].侯定凯,译.北京:北京大学出版社,2007.

[82]〔美〕迈克尔·W·阿普尔.教育的"正确"之路——市场、标准、上帝和不平等[M].黄忠敬,吴晋婷,译.上海:华东师范大学出版社,2008.

[83]〔美〕米尔顿·弗里德曼.资本主义与自由[M].张玉端,译.北京:商务印书馆,1986.

[84]〔美〕米尔顿·弗里德曼,罗丝·弗里德曼.自由选择[M].张琦,译.北京:机械工业出版社,2008.

[85]〔美〕莫里斯·迪克斯坦.伊甸园之门——60年代美国文化[M].方晓光,译.上海:上海外语教育出版社,1985.

[86]〔美〕诺姆·乔姆斯基.新自由主义和全球秩序[M].徐海铭,季海宏,译.南京:江苏人民出版社,2001.

[87]〔美〕斯蒂芬·J·鲍尔.教育改革:批判和后结构主义的视角[M].侯定凯,译.上海:华东师范大学出版社,2002.

[88]〔美〕索尔斯坦·凡勃伦.学与商的博弈——论美国高等教育[M].惠圣,译.上海:世纪出版集团,2009.

[89]〔美〕T.帕森斯.现代社会的结构与过程[M].梁向阳,译.北京:光明日报出版社,1988.

[90]〔美〕唐纳德·肯尼迪.学术责任[M].阎凤桥,等译.北京:新华出版社,2002.

[91]〔美〕W·理查德·斯科特.制度与组织[M].姚伟,王黎芳,译.北京:中国人民大学出版社,2010.

[92]〔美〕韦恩·厄本,杰宁斯·瓦格纳.美国教育:一部历史档案[M].周晟,谢爱磊,译.北京:中国人民大学出版社,2009.

[93]〔美〕韦恩·K·霍伊,塞西尔·G·米斯科尔.教育管理学:理论研究实践[M].范国睿,主译.北京:教育科学出版社,2007.

[94]〔美〕沃尔特·W·鲍威尔,保罗·J·迪马吉奥.组织分析的新制度主义[M].姚伟,译.上海:上海人民出版社,2008.

[95]〔美〕希拉·斯特劳,特里·L·莱斯利.学术资本主义:政治、政策和创业型大学[M].梁骁,黎丽,译.北京:北京大学出版社,2008.

[96]〔美〕雅罗斯拉夫·帕利坎.大学理念重审:与纽曼对话[M].杨德友,译.北京:北京大学出版社,2008.

[97]〔美〕伊恩·罗伯逊.社会学[M].黄育馥,译.北京:商务印书馆,1994.

[98]〔美〕约翰·S·布鲁贝克.高等教育哲学[M].王承绪,等译.杭州:杭州大学出版社,1998.

[99]〔美〕约翰·丘伯.政治、市场和学校[M].蒋衡,等译.北京:教育科学出版社,2003.

[100]〔美〕詹姆斯·杜德斯达.21世纪的大学[M].刘彤,屈书杰,刘向荣,译.北京:北京大学出版社,2005.

[101]〔美〕詹姆斯·杜德斯达,弗瑞斯·沃马克.美国公立大学的未来[M].刘济良,译.北京:北京大学出版社,2006.

[102]〔挪威〕波·达林.理论与战略:国际视野中的学校发展[M].范国睿,译.北京:教育科学出版社,2002.

[103]闵维方.高等教育运行机制研究[M].北京:人民教育出版社,2002.

[104]秦晖.政府与企业以外的现代化:中西公益事业史比较研究[M].杭州:浙江人民出版社,1999.

[105]潘懋元.多学科观点的高等教育研究[M].上海:上海教育出版社,2001.

[106] 全球大学创新联盟. 2006年世界高等教育报告:大学的财政问题[M]. 杭州:浙江大学出版社,2007.

[107] 〔日〕青木昌彦. 政府在东亚经济发展中的作用:比较制度分析[M]. 北京:中国经济出版社,1998.

[108] 〔日〕矢野真和. 高等教育的经济分析与政策[M]. 张晓鹏,等译. 北京:北京大学出版社,2006.

[109] 世界银行,联合国教科文组织高等教育与社会特别工作组. 发展中国家的高等教育:危机与出路[M]. 蒋凯,译. 北京:教育科学出版社,2001.

[110] 世界银行. 1998—1999世界发展报告:知识与发展[M]. 北京:中国财政经济出版社,1999.

[111] 宋玉华. 美国新经济研究——经济范式转型与制度演化[M]. 北京:人民出版社,2004.

[112] 文东茅. 走向公共教育:教育民营化的超越[M]. 北京:北京大学出版社,2008.

[113] 许杰. 政府分权与大学自主[M]. 广州:广东高等教育出版社,2008.

[114] 薛晓源,陈家刚. 全球化与新制度主义[M]. 北京:社会科学出版社,2004.

[115] 王建华. 第三部门视野中的现代大学制度[M]. 广州:广东高等教育出版社,2008.

[116] 汪丁丁,韦森,姚洋. 制度经济学三人谈[M]. 北京:北京大学出版社,2005.

[117] 王逢振. 美国大学批判[M]. 天津:天津人民出版社,2004.

[118] 王廷芳. 美国高等教育史[M]. 福州:福建教育出版社,1996.

[119] 韦森. 社会秩序的经济分析导论[M]. 上海:三联书店,2001.

[120] 韦森.文化与制序[M].上海:上海人民出版社,2003.
[121] 韦森.市场、法治与民主:一个经济学家的日常思考[M].上海:上海人民出版社,2008.
[122] 翁福元.教育政策社会学:教育政策与当代社会思潮之对话[M].中国台北:五南图书出版公司,2007.
[123] 熊志翔等.高等教育制度创新论[M].广州:广东高等教育出版社,2002.
[124] 阎光才.识读大学:组织文化的视角[M].北京:教育科学出版社,2002.
[125] 杨东平.中国教育公平的理想与现实[M].北京:北京大学出版社,2006.
[126] 〔美〕凡勃伦.有闲阶级论[M].蔡受百,译.北京:商务印书馆,1964.
[127] 杨祖功.国家与市场[M].北京:社会科学出版社,1999.
[128] 〔英〕A.R.拉德克利夫·布朗.社会人类学方法[M].夏建,译.济南:山东人民出版社,1988.
[129] 〔英〕阿尔弗雷多·萨德-费洛,黛博拉·约翰斯顿.新自由主义:批判读本[M].陈刚,等译.南京:江苏人民出版社,2006.
[130] 〔英〕阿什比.科技发达时代的大学教育[M].滕大春,滕大生,译.北京:人民教育出版社,1983.
[131] 〔英〕安东尼·史密斯,弗兰克·韦伯斯特.后现代大学来临?[M].侯定凯,赵叶珠,译.北京:北京大学出版社,2010.
[132] 〔英〕弗雷德里希·奥古斯特·冯·哈耶克.通向奴役之路[M].王明毅,等译.北京:中国社会科学出版社,1997.
[133] 〔英〕弗雷德里希·奥古斯特·冯·哈耶克.自由宪章[M].杨玉生,冯兴元,陈茅,等译.北京:中国社会科学出版社,

1999.

[134]〔英〕哈耶克.个人主义与经济秩序[M].贾湛,文跃然,等译.北京:北京经济学院出版社,1989.

[135]〔英〕杰夫·惠迪,萨莉·鲍尔,大卫·哈尔平.教育中的放权与择校:学校、政府和市场[M].马忠虎,译.北京:教育科学出版社,2003.

[136]〔英〕杰勒德·德兰迪.知识社会中的大学[M].黄建如,译.北京:北京大学出版社,2010.

[137]〔英〕克里斯托弗·波利特,海尔特·鲍克尔特.公共管理改革[M].夏镇平,译.上海:上海译文出版社,2003.

[138]〔英〕路易丝·莫利.高等教育的质量与权力[M].罗慧芳,译.北京:北京师范大学出版社,2008.

[139]〔英〕马尔科姆·泰特.高等教育研究:进展与方法[M].侯定凯,译.北京:北京大学出版社,2007.

[140]〔英〕迈克尔·夏托克.高等教育的结构与管理[M].王义端,译.上海:华东师范大学出版社,1987.

[141]〔英〕迈克尔·夏托克.成功大学的管理之道[M].范怡红,主译.北京:北京大学出版社,2006.

[142]〔英〕齐格蒙·鲍曼.后现代性及其缺憾[M].郇建立,李静韬,译.南京:学林出版社,2002.

[143]〔英〕托尼·布什.当代西方教育管理模式[M].强海燕,主译.南京:南京师范大学出版社,1998.

[144]俞可平.治理与善治[M].北京:社会科学文献出版社,2000.

[145]曾小华.文化·制度与社会变革[M].北京:中国经济出版社,2004.

[146]曾昭耀.战后拉丁美洲教育研究[M].南昌:江西教育出版社,1994.

[147] 张慧洁. 中外大学组织变革[M]. 上海:复旦大学出版社,2005.

[148] 张建新. 高等教育体制变迁研究——英国高等教育从二元制向一元制转变探析[M]. 北京:教育科学出版社,2006.

[149] 张维迎. 大学的逻辑[M]. 北京:北京大学出版社,2004.

[150] 张宗俊. 现代大学制度:高等教育改革与发展的时代回应[M]. 北京:中国社会科学出版社,2004年.

[151] 赵婷婷. 大学何为:理想与现实间的冲突及协调[M]. 北京:高等教育出版社,2005.

[152] 周光礼. 学术自由与社会干预[M]. 武汉:华中科技大学,2003.

[153] 周雪光. 组织社会学十讲[M]. 北京:社会科学文献出版社,2003.

[154] 〔澳〕伊丽莎白·圣·乔治. 知识经济时期的高等教育定位[J]. 张雪莲,译. 国际高等教育研究,2007(1).

[155] 〔比利时〕杰夫·C·沃侯艾温. 大学与政府关系的变化——从欧洲的三个国家看[J]. 郭歆,译. 清华大学教育研究,2003(5).

[156] 别敦荣. 我国大学学术管理改革探析[J]. 清华大学教育研究,1999(3).

[157] 别敦荣. 我国现代大学制度探析[J]. 江苏高教,2004(3).

[158] 别敦荣,吴国娟. 论大学制度的公正性[J]. 教育研究,2006(7).

[159] 蔡文伯,蒋凯,董江华,等. 大学治理与制度创新的反思与探索. 高等教育研究,2009(11).

[160] 陈国权,曾军荣. 经济理性与新公共管理[J]. 浙江大学学报,2005(3).

[161] 陈振明. 评西方的"新公共管理"范式[J]. 中国社会科学,

2000(6).

[162] 董云川.现代大学制度中的政府、社会、学校[J].高等教育研究,2002(05).

[163] 〔法〕让-马克·思古德.什么是政治的合法性[J].外国法译评,1997(2).

[164] 范秀双.米尔顿·弗里德曼论政府在教育中的作用思想评述[J].外国教育研究,2004,9(4).

[165] 方卫华.制度多样性与制度分析的层次性[J].甘肃社会科学,2005(1).

[166] 方朝晖.Path dependence 还是 Lock-in[J].经济社会体制比较,1994(2).

[167] 盖勒德·A·葡斯廷尔.21世纪的中国高等教育:市场经济条件下的若干发展性思考[J].陈超,译.比较教育研究,2002(2).

[168] 高耀丽.英国高等教育问责制及其启示[J].高等教育研究,2005(11).

[169] 郭歆,夏晓勤.我国高等教育市场化的源头和动力——一种新制度主义分析[J].清华大学教育研究,2003(6).

[170] 贺培育.试论制度变迁[J].学术研究,1991(2).

[171] 何增科.法国学者布迪厄谈新自由主义的本质[J].国外理论动态,1999(4).

[172] 胡代光.剖析新自由主义及其实施的后果[J].当代经济研究,2004(2).

[173] 胡建华.必要的张力:构建现代大学与政府关系的基本原则[J].高等教育研究,2004(1).

[174] 黄永军.现代大学制度的本质是自组织[J].国家教育行政学院学报,2005(05).

[175] 江庆.英国高等教育财政模式及其改革趋势[J].外国教育

研究,2004(4).

[176] 蒋雅文.论制度变迁理论的变迁[J].经济评论,2003(4).

[177] 邝泽倩.追求责任心的声誉[J].北京大学教育评论,2004(1).

[178] 李飞.诺思《制度、制度变迁与经济实绩》介绍[J].经济社会体制比较,1992(2).

[179] 李强.历史地、全面地研究新自由主义——专访北京大学政府管理学院李强教授(一)[J].当代世界与社会主义,2004(2).

[180] 李巧林,王章豹,龙巨东.试论现代大学制度的构建[J].合肥工业大学学报(社会科学版),2005(02).

[181] 厉以宁.关于教育产业化的几个问题[J].北京成人教育,1999(7).

[182] 刘军宁.保守主义与自由主义之间——从哈耶克到中国[J].开放时代,1998(4).

[183] 刘欣.当前中国社会阶层分化的制度基础[J].社会学研究,2005(5).

[184] 刘彦伟,胡晓阳.20世纪90年代中后期我国普通高等教育经费来源结构的变动[J].高等教育研究,2005(6).

[185] 刘志明.新自由主义全球化的兴起、危害与替代[J].高校理论战线 2010(5).

[186] 陆根书.道格拉斯·诺思与新制度经济学[J].青海社会科学,1994(5).

[187] 卢乃桂,操太圣.中国改革情境中的全球化:中国高等教育市场化现象透析[J].北京大学教育评论,2003(1).

[188] 卢乃桂,陈霜叶.20世纪90年代以来中国高等教育改革中市场角色的研究[J].教育研究,2004(10).

[189] 卢乃桂,罗云.西方高等教育的企业化进路[J].高等教育研

究,2005(7).

[190] 罗海鸥.大学精神的提升与大学制度的创新:全国高等教育学研究会2003年年会综述[J].广东技术师范学院学报,2004(01).

[191] 罗建河.试论经济理论在教育中运用的局限性[J].上海教育科研,2002(11).

[192] 〔美〕伯顿·R·克拉克.自主创新型大学:共治、自治和成功的基础[J].王晓阳,孙海涛,译.清华大学教育研究,2000(4).

[193] 〔美〕菲利普·G·阿特巴赫.高等教育的发展模式[J].蒋凯,译.现代大学教育,2001(1).

[194] 〔美〕哈里·李维斯.21世纪的挑战:大学的使命、通识教育与师资的选择[J].教育发展研究,2007(3A).

[195] 〔美〕马文·皮德森.中学后教育知识产业时代的大学领导与院校研究[J].郭卉,等译.高等教育研究,2006(8).

[196] 潘懋元.走向社会中心的大学需要建设现代制度[J].现代大学教育,2001(1).

[197] 〔日〕金子元久.高等教育的市场化:通过国际比较来看日本[J].刘文君,译.教育与经济,2006(1):1-6.

[198] 〔日〕金子元久.高等教育发展的中国模式:来自日本的观察[J].徐国兴,译.教育发展研究,2006(5A).

[199] 茹宁,闫广芬.大学自治的条件与形态:知识的视角[J].清华大学教育研究,2007(3).

[200] 彭江.初论现代大学制度的本质及逻辑[J].复旦教育论坛,2006(01).

[201] 朴雪涛.后现代知识观与现代大学制度的变革[J].复旦教育论坛,2006(06).

[202] 沈红文.哈贝马斯谈全球化主义、新自由主义和现代性[J].

国外理论动态,2002(1).

[203] 孙贵聪.西方高等教育中的管理主义述评[J].比较教育研究,2003(10).

[204] 王洪才.试论现代大学制度建设的价值导向[J].复旦教育论坛,2005(03).

[205] 王洪才.论现代大学制度的结构特征[J].复旦教育论坛,2006(01).

[206] 王冀生.现代大学制度的基本特征[J].高教探索,2002(01).

[207] 王一兵.大学自主与大学法人化的新诉求[J].高等教育研究,2001(3).

[208] 王英杰.大学的危机:不容忽视的难题[J].探索与争鸣,2005(3).

[209] 魏洪沼.建立现代大学制度的几点思考[J].国家教育行政学院学报,2007(07).

[210] 魏哲景,员智凯.现代大学制度的基本功能和创新途径探析[J].高等教育研究,2006(01).

[211] 邬大光.现代大学制度的根基[J].现代大学教育,2001(1).

[212] 邬大光.高等教育发展与制度创新[J].大学教育科学 2005(2).

[213] 邬大光.论建立有中国特色的现代大学制度[J].中国高等教育,2006(19).

[214] 吴合文,毛亚庆.新自由主义、全球化与高等教育发展[J].高等教育研究,2008(12).

[215] 杨望成,熊志翔.现代大学制度的基本特征[J].佛山科学技术学院学报(社会科学版),2004(01).

[216] 易红郡.英国大学与产业界之间的"伙伴关系"[J].清华大学教育研究,2004(1).

[217] 〔英〕帕特里克·贝尔特,阿兰·希普曼.重围之下的大学——当代学术领域中的信任和责任制[J].黄春芳,译.大学·研究与评价,2007(2).

[218] 〔英〕詹姆斯·米尔利斯.市场机制的局限性[J].经济学动态,2004(8).

[219] 叶隽.中国现代大学制度的构建与蔡元培留学德国[J].德国研究,2003(04).

[220] 俞可.洪堡2010,何去何从[J].复旦教育论坛,2010(6).

[221] 袁贵仁.建立现代大学制度推进高等教育改革和发展[J].国家高级教育行政学院学报2000(2).

[222] 张斌贤.现代大学制度的建立与完善[J].国家教育行政学院学报,2005(11).

[223] 张德祥.关于"现代大学制度研究"的几点思考[J].辽宁教育研究,2005(8).

[224] 张继平.制度转型的文化制约:文化社会学的一个分析[J].社会科学战线,2006(2).

[225] 张康之.权力分散:分权的误区[J].新视野,1997(6).

[226] 张旺.美国高等院校的财政危机及其影响[J].江苏高教,2003(2).

[227] 张应强,高桂娟.论现代大学制度建设的文化取向[J].高等教育研究,2002(06).

[228] 张宗俊.大学制度:范畴与创新[J].高等工程教育,2004(3).

[229] 赵峻岩.学术的诉求:西方大学制度的本质[J].现代教育管理,2009(10).

[230] 赵曙明,龚放等.建立现代大学制度的重要之举——深化我国高校人事制度改革的政策建议[J].高等教育研究,2005(4).

[231] 赵婷婷.大学市场化趋势与大学精神的传承[J].高等教育研究,2001(5).

[232] 周穗明.西方新自由主义理论及其批判[J].岭南学刊,2002(2).

[233] 周玲.高校合并与现代大学制度的建立[J].高教探索,2000(04).

[234] 周雪光.制度是如何思维的[J].读书,2001(4).

[235] 朱新涛.新自由主义经济学的高等教育市场化观点评析[J].江苏高教,2004(3).

[236] 庄子银,邹薇.制度变迁理论的线索与发展[J].财经科学,1995(4).

[237] 左然.当代国际公共行政的发展与改革[J].中国行政管理,1997(10).

[238] 陈昕.高等教育变革视角下的大学治理[D].长沙:湖南师范大学,2007.

[239] 陈亚玲.论我国学术转型与现代大学制度的建立[D].武汉:华中科技大学,2007.

[240] 何晓芳.澳大利亚高等教育市场化进程中的大学、政府、市场关系研究[D].长春:东北师范大学,2008.

[241] 樊改霞.公共教育的现代性转型及其困境[D].南京:南京师范大学,2007.

[242] 高耀丽.英国高等教育管理机制改革研究[D].上海:华东师范大学,2006.

[243] 李丽.经济全球化背景下转轨国家经济自由化与市场开放研究[D].大连:东北财经大学,2007.

[244] 李明忠.论高深知识与大学的制度安排[D].武汉:华中科技大学,2008.

[245] 龙献忠.从统治到治理[D].武汉:华中科技大学,2005.

[246] 马廷奇.大学组织的变革与制度创新[D].武汉:华中科技大

学,2004.

[247] 田爱丽.日本国立大学法人制度研究及启示[D].上海:华东师范大学,2006.

[248] 王朝梁.美国高等教育投资体制的研究及启示[D].保定:河北大学,2000.

[249] 吴国娟.大学制度伦理反思[M].武汉:华中科技大学,2008.

[250] 吴文俊.高等教育制度功能的经济学分析[D].上海:华东师范大学,2006.

[251] 查永军.中国大学学术管理中的学术权力与行政权力冲突研究[D].武汉:华中科技大学,2009.

[252] 朱平.制度伦理视角下的高等教育制度[M].厦门:厦门大学,2007.

[253] 吴忠超.无法走出的困境[M].上海:华东师范大学,2003.

[254] 顾海兵.大学制度:从纵向平衡到横向制衡[N].南方周末,2007-03-29(B15).

[255] 蒋树声.以制度创新建设一流大学[N].光明日报,2005-11-30(006).

[256] 雷震岳.现代大学制度是重要的教育命题[N].科学时报,2005-6-2.

[257] 刘经南,陈闻晋.叩问中国大学制度创新的四大要素[N].社会科学报,2007-02-01(001).

[258] 刘艳萍,胡荣堃.大学制度改革:我们清楚目的和原则吗?[N].科学时报,2005-06-27(B01).

[259] 彭兰,成黎明.一流的大学需要一流的制度[N].科学时报,2007-07-24(B03).

[260] 杨东平.改革大学体制刻不容缓[N].南方周末,2007-03-29(B15).

[261] 杨石.美国营利性大学,高教市场新兴力量[N].科学时报,

2002-11-25.

[262] 毕安德,高洁."新公共管理"模式过时了吗?[EB/OL]. http://www.blogchian.com/new/display/16613.html

[263] 甘阳.自由的敌人:真善美统一说[DB/OL]. http://www.zhongguosixiang.com/thread-366-1-1.html

[264] 吴挺锋.新自由主义高等教育"改革"及其批判[DB/OL]. http://www.knu.edu.tw/cge/

[265] 北京大学.21世纪的大学:北京大学百年校庆召开的高等教育论坛论文集[C]北京:北京大学出版社,1999.

[266] 北京大学高教所.21世纪的大学——北京大学百年校庆召开的高等教育论坛论文集[C].北京:北京大学出版社,1999.

[267] 陈学飞.中国高等教育研究50年[C].北京:教育科学出版社,1999.

[268] 教育部中外大学校长论坛领导小组.中外大学校长论坛文集[C].北京:高等教育出版社,2002.

[269] 〔日〕田野郁夫.国立大学法人化——现状与客体[C].广岛:中日高等教育研讨会议,2005.

[270] 国家教育委员会.中华人民共和国现行教育法规汇编[Z].北京:人民教育出版社,1991:1-10.

[271] 王晓辉.全球教育治理:国际教育改革文献汇编[Z].北京:教育科学出版社,2008.

[272] Alfonso Borrero Cabal. The University as an Institution Today: Topics for Reflection[M]. Ottawa: International Development Research Center. 1993.

[273] Anderson E. Ashby. Universities: British, Indian, African-A Study in the Econology of Higher Education[M]. London: Weidenfeld & Nicolson, 1966.

[274] Anderson Eric Ashby. Adapting Universities to a Techno-

logical Society[M]. London: Jossey-Bass Publishers, 1974.

[275] Berdahl, R. Academic Freedom, Autonomy and Accountability in British Universities[J]. Studies in Higher Education, 1991, 15(2).

[276] Burton R. Clark. Sustaining Change in Universities: Continuities in Case Studies and Concepts [M]. England: Open University Press, 2004.

[277] Burton R. Clark. Collegial Enterpreneurialism in Proactive Universities: Lessons from Europe[J]. Change, Jan/Feb, 2000.

[278] Burton R. Clark, Guy R. Neave. Encyclopedia of Higher Education[Z]. Cubberley Education Library, 1992.

[279] Clark Kerr. The Great Transformation in Higher Education: 1960-1980 [M]. Albany: State University of New York Press. 1991.

[280] Clark Kerr. Troubled Times for American Higher Education: the 1990s and Beyond [M]. Albany: State University of New York Press. 1994.

[281] D. Haag. The Right to Education: What Kind of Management? [R]. UNESCO, Paris, 1982.

[282] David Mahony Government and the University: the "New Mutuality" in Australian Higher Education: a National Case Study[J]. Journal of Higher Education, 1994, 65(2).

[283] Deanna De Zilwa Using Entrepreneurial Activities as a Means of Survival[J]. Higher Education, 2005, 50(3).

[284] Derek Curtis Bok. Universities in Marketplace: the Commercialization of Higher Education[M]. Princeton University Press, 2004.

[285] Derek Curtis Bok. Our Underachieving Colleges: A Can-

did Look at How Much Students Learn and Why They Should Be Learning more[M]. Princeton: Princeton University Press. 2006.

[286] Derek Curtis Bok. Universities in the Marketplace: The Commercialization of Higher Education[M]. Princeton: Princeton University Press. 2003.

[287] F. Jameson and M. Miyoshi. The Cultures of Globalization[M]. Durham N. J. : Duke University Press, 1998.

[288] Frank Newman & Lara K. Couturier. Trading Public Good in Higher Education Market. January, 2002. [EB/OL]. http: www. obhe. ac. uk

[289] Gareth Jenkins. The End of Free Education[J]. Issue 211 of Socialist Review, 1997(9).

[290] Hood Christopher. A Public Management for All Seasons? [J]. Public Administration, 1991, 69(1).

[291] J. Hawkins. Centralization, Decentralization, Recentralization: Educational Reform in China[J]. Journal of Educational Administration, 2000, 38(5).

[292] J. Patrick Raines, Charles G. Leathers. The Economic Institutions of Higher Education [M]. Massachusetts: Edward Elgar Publishing, Inc. 2003.

[293] J. Robert Arnove & Carlos Tortes. Comparative Education: The Dialectic of the Global and the Local[M]. Lanham: Rowman &Littlefield Publishers.

[294] Karl. E. Weick. Educational Organizations as Loosely Coupled Systems[J]. Administrative Science Quarterly, 1976, 21(1).

[295] Leslie Larry L, Slaughter Sheila. The Development and

Current Status of Market Mechanisms in United States Postsecondary Education[J]. Higher Education Policy, 1997, 10(3/4).

[296] Michael Shattock. Thatcherism and British Higher Education: Universities and the Enterprise Culture[J]. Change 21, 1989, (5).

[297] Miyoshi, M. The University and the "Global" Economy: The Case of the United States and Japan[J]. The South Atlantic Quartly, 2000, (99)4.

[298] Noel McGinn and Susan Street. Educational Decentralization: Weak State or Strong State? [J]. Comparative Education Review, November 1986.

[299] OECD. Education at a Glance 2009: OECD Indicators [EB/OL]. (2010-02-11) [2010-04-08]. http://www.oecd.org/dataoecd/8/16/44760621.pdf.

[300] Olga B. Bain. University Autonomy in the Russian Federation Since Perestroika[M]. New York & London: Routledge Falmer, 2003.

[301] Olssen, M. & Peters, M. A. Neoliberalism. Higher Education and the Knowledge Economy: From the Free Market to Knowledge Capitalism[J]. Journal of Education Policy, 20(3).

[302] Wilson Smith, Thomas Bender. American Higher Education Transformed, 1940-2005: Documenting the National Discourse[M]. Baltimore: The Johns Hopkins University Press. 2008.

后 记

本书系 2012 年度教育部人文社会科学研究项目（项目批准号：12YJC880156）的阶段性成果。

在书稿出版之际，我首先要感谢我的导师别敦荣教授。我在"新自由主义与高等教育管理变革"研究领域的许多思路与观点都获益于几年前别老师主持的"高等教育管理前沿问题专题研究"课，没有别老师当时课堂上的循循善诱、适时点拨，我也就难以"跳出教育看教育"。虽然《新自由主义背景下大学制度变革研究》已经完成，但学术研究永无止境，只有在今后的研究与学习中努力进取、不断拓展，方能向导师交上一份满意的"答卷"。

这本书的问世，离不开许多老师的指导，他们的建议使论著增色很多。教育部高等教育教学评估中心的刘振天教授，中南民族大学的孟立军教授，武汉纺织大学的张建林教授，以及华中科技大学教育科学研究院的陈廷柱教授、陈敏教授、柯佑祥教授、贾永堂教授、雷洪德教授等人通读了本书的初稿，对我不吝赐教，令我感激不尽。若没有他们的帮助，本人可能要在"黑暗"中继续摸索很长时间。

我还要感谢中南民族大学教务处领导及同事对我的关怀与帮助，这个团结而富有朝气的群体让我在繁忙的工作中仍能保持愉悦的心情，为我提供了良好的研究氛围。我也十分感谢中南民族大学"少数民族教育发展研究基地"提供的出版机会。另外，还要衷心感谢中国海洋大学出版社的编辑在书稿修改等方面提出的许多宝贵意见。

同时，我还要感谢我的家人对我的理解与支持，没有他们的无私付出，我是难以在学术研究的道路上坚持下来的。

本书参考并引用了国内外学者的相关研究成果，在此表示谢意。限于本人的学识水平，书中的疏漏之处恳请读者指正。

张　征
2013年12月于武昌南湖